知常

/大家小书 必备应知/

知常

怎样学习古文

周振甫 著

中華書局

图书在版编目(CIP)数据

怎样学习古文/周振甫著. —北京:中华书局,2025. 3. —(知常)(2026. 2 重印). —ISBN 978-7-101-16891-4

Ⅰ. H109. 2

中国国家版本馆 CIP 数据核字第 2024GG3272 号

书　　名	怎样学习古文
著　　者	周振甫
丛 书 名	知常
责任编辑	孙永娟
封面设计	刘　丽
责任印制	韩馨雨
出版发行	中华书局 (北京市丰台区太平桥西里 38 号　100073) http://www.zhbc.com.cn E-mail:zhbc@zhbc.com.cn
印　　刷	河北新华第一印刷有限责任公司
版　　次	2025 年 3 月第 1 版 2026 年 2 月第 2 次印刷
规　　格	开本/787×1092 毫米　1/32 印张 9⅝　插页 3　字数 110 千字
印　　数	5001-8000 册
国际书号	ISBN 978-7-101-16891-4
定　　价	48.00 元

目录

出版说明

人类历史文明的发展与知识、思想的不断革新相辅相成，而知识与思想在此过程中，其精粹部分不断累积沉淀，形成了一个民族的内在文化，直至今日，我们的日常生活、精神信仰与审美旨趣都遵循着这种文化逻辑。它坚不可摧、恒常不变，像锚一样，在宏阔的宇宙中锚定我们栖身的坐标。而中华书局推出的“知常系列”丛书，就是进入经典古籍、进入中华优秀传统文化中的桥梁，它指引着我们回到中华民族精神文化的家园。

“知常系列”所遴选的图书，是阅读古代典籍、了解传统文化应知的、必备的常识类书籍。我们如果对于古人的名字、古文字知识、古代礼仪、古代官阶等一些基本情况不了解，不仅难以顺利阅读，甚至会误读，也就很难领会传统文化的精髓。故而编选这套丛书的初衷，就是为了解传统文化铺平道路。作为一套入门书，其基本特点如下：

一、入选图书，每本皆为这一研究领域名家撰写。

二、文字浅显易懂，内容精准简练。

三、坚持优中选优的原则，尽量选择阅读轻松、内容上乘的作品。

希望这套丛书，能够带您更快进入中华优秀传统文化的世界，知甘露味，得大智慧。

中华书局编辑部

2024年9月

前　言

《文史知识》的编者说:“近来收到读者来信，问到怎样学习古文，要就这个题目，写一组文章来谈谈。”对这个题目，有两种谈法：一是对初学古文的人谈，他们对唐宋以来的古文读起来有困难，即就读一般的古文来谈。针对《文史知识》的读者来信要求，正适于就读一般的古文来谈。一是就已经会读唐宋以来的古文，专就读先秦古文来谈，这就牵涉到训诂、校勘、通假、音韵等专门学问。这里仅就前一方面来谈谈，不牵涉到专门学问。就前一方面谈，古人也有不少谈到过的，古人谈到学习古文时，往往结合写作来谈，就写作方法说，古今文是相通的，所以在这里不妨连带谈及。

在谈到怎样学习古文前，先引《光明日报》1987年8月18日《北京召开汉语汉字讨论会》中的一段话：

讨论会认为，汉字是一种先进的意音文字，它把形音义集中在一个方块里，表意性强，可以区别同音词。汉字字形短，信息储藏量大，便于快速阅读。记录同一内容，汉字比拼音文字所用篇幅短，这在信息日益增多的时代极为重要。与会一些代表指出，汉字的字形不直接表音，形声字的声旁用直音而不用拼音，这就使汉字具有了通四方通古今的优点，不同方言区的人，都可以通过汉字书写的语言交流思想，两千年前的古籍今人仍可读懂。因此，汉语是世上最优秀的语言之一。

这里指出“汉字字形短，信息储藏量大，便于快速阅读”，又指出汉字具有“通古今的优点”，“两千年前的古籍今人仍可读懂”。这两点都跟怎样阅读古文有关。就“信息储藏量大”说，汉字在古文中更显得突出。古文中的一个单音词，由于它含有各种不同的意义，在白话里可以演化为好几个双音词，说明古文中的单音词含义更为丰富。这里指出汉字具有“通古今的优点”，又牵涉到汉字的古今义的差别。不了解古文中单音词含义的丰富，不了解古文中单音词有古今义的差别，就无法阅读古文。

比方“一”字，就古今义说，作为数词的“一”，古今义是相同的。作为“纯粹”义，如《尚书·大禹谟》：“惟精惟一，允执厥中。”作为“纯粹”义的“一”，是古义；按今义，成了双音词“纯一”。作为“概括”义，如《荀子·劝学》：“君子之学也，入乎耳，著乎心……一可以为法则。”作为“概括”义的“一”，是古义；按今义，成了双音词“一概”。作为“同样”义，如《孟子·离娄下》：“其揆一也。”这是古义；按今义，成了双音词“同一”。作为“统率”义，如杜牧《阿房宫赋》：“六王毕，四海一。”这是古义；按今义，成了双音词“统一”。作为“专精”义，如《礼·礼运》:“欲一以穷之。”这是古义；按今义，成为双音词“专一”。作为“一朝”义，如《左传·成公二年》:“蔡许之君，一失其位，不得列于诸侯。”这是古义；按今义，成为双音词“一朝”。作为“初次”义，如《左传·庄公十年》:“一鼓作气，再而衰，三而竭。”这是古义；按今义，成为三音词“第一次”。作为“或者”义，如《孙子·谋攻》:“不知彼而知己，一胜一负。”这是古义；按今义，成为双音词“或者”。作为“究竟”义，如《战国策·齐策一》:“靖郭君之于寡人，一至此乎!”这是古义；按今义，成为双音词“一竟”。

这样看来，古文中的字，信息储藏量更大，含义更为丰富，一个单音词有可能包括好多个白话中的双音词。这里又有古义和今义的差别。因此，读古文时，倘不熟悉古文中的一个单音词含有好多个白话中的双音词的意义，根据上下文，要从好多个白话中的双音词中选择合适的一个来解释，不懂得这种选择，不懂得古义和今义的差别，就读不懂古文。这里讲到“立体的懂”，就古文中的一个词，在不同的上下文中可能有不同的具体解释，怎样掌握这种不同的具体解释，这是“立体的懂”所要解决的问题。古文中的一个词，有的是术语，要掌握它的意义，就要牵涉到理论方面，如孔子讲的“仁”字。怎样掌握这个词的理论意义，不做片面的理解，这也是“立体的懂”所要解决的问题。

讲到“立体的懂”，就离不开熟读背诵。目前大学校内学生的功课多，没有时间来熟读背诵古文，怎么办？再说，死记硬背是苦事。怎么解决熟读背诵问题，怎么变死记硬背的苦事为“因声求气”的有兴味的事，这是“因声求气”所要讨论的。通过“因声求气”来理解作品中的思想情感，进入作品，这就接触到古人怎样探索“古文的艺术性”，涉及对古文的鉴赏问题。刘勰在《文心雕龙·知音》里提出“六观”，结合当前的读者，来谈谈今天鉴赏古文的“六观”。再结合鉴赏，试就古文中命意、谋篇、用辞等方面可资比较地做多方面的探讨，进而对一家古文的风格做些探讨，再归结到作家在研究古文中的“融会贯通”。经过这样的探索，笔者想通过“因声求气”，帮助读者达到能阅读一般古文的目的，来探索“古文的艺术性”，来对一家古文进行研究。以上是笔者针对读者的要求的设想，一定会有不恰当和不正确处，希望得到专家和读者的指教。

1

一

立体的懂

宋　佚名　梨花鹦鹉图

怎样学习古文？我们翻开《唐才子传》，《王勃》传里说："六岁善辞章。"王勃六岁已经会写诗文了。当时的诗，就是古诗、律诗、绝句；当时的文，即古文、骈文。六岁怎么就会写这样的诗文呢？再看《骆宾王》传，称"七岁能赋诗"；《李百药》传，称"七岁能文"；《刘慎虚》传，"八岁属文上书"，类似的记载还有不少。换言之，在唐朝，七八岁的孩子不仅会读懂古文、骈文、旧体诗，还会写古文、骈文和旧体诗。是不是当时的人特别聪明呢？不是的。我们再看近代人，如康有为"七岁能属文"，梁启超"六岁毕业《五经》，八岁学为文，九岁能日缀千言"（见钱基博《现代中国文学史》）。可见古今人的聪明是相似的。那么，不论是唐代人或近代人，他们从小就能读懂古文，不仅会读，还会写古文和旧体诗。为什么现代人读懂古文会成问题呢？这跟读法有关。

我曾经听开明书店的创办人章锡琛先生讲他小时候读书。开始读《四书》时，小孩子根本不懂，所以老师是不讲的。每天上一课，只教孩子读，读会了就要读熟背出。第二天再上一课，再教会孩子读，读熟背出。到了节日，如阴历五月初五的端阳节，七月初七的乞巧节，九月初九的重阳节，年终的大节，都不教书了，要温书，要背书。如在端阳节要把以前读的书全部温习一下，再全部背出。到年终，要温习一年读的书，全部背出。到第二年年终，除了要背出第二年所读的书，还要背带书，即要把第一年读的书连带背出。因此，像梁启超的“六岁毕业《五经》”，即六岁时已把《五经》全部背出了；所以他“九岁能日缀千言”。因此，《唐才子传》里讲的“六岁善辞章”，“七岁能赋诗”，按照“熟读唐诗三百首，不会吟诗也会吟”的说法，他们在六七岁时，熟读的诗和唐诗一定远远超过三百首，那他们会吟诗也就不奇怪了。

我向政协委员张元善老先生请教，问他小时候怎样读书的。他讲得跟章锡琛先生差不多，他说开始读时，对读的书完全不懂。读了若干年，一旦豁然贯通，不懂的全懂了，而且是“立体的懂”，它的关键就在于熟读背出，把所读的书全部装在脑子里。假如不是熟读背出，把所读的书全部装在脑子里，读了一课书，记住了多少生字，记住了多少句子，这只是“点线的懂”。记住的生字是点，记住的句子是线。“点线的懂”是不够的。因为一个字的解释在不同的句子中往往因上下文的关系而有变化，一个字在不同的结构里会有不同的用法，记住了一个字的一个解释和一种用法，碰到了这个字的解释和用法有变化时就不好懂了。读一课书，记住了这课书中的生字，记住了这课书中的句子，这叫“平面的懂”。“平面的懂”只懂得这课书中的字的意义和用法；同样的字，在别课书中，它的意义和用法假如有了变化，就看不懂了。因此，“平面的懂”还不够，不够解决一个字的解释和用法的多种变化。把一部书全部读熟就不同了，开始读时不懂，读多了便渐渐懂了。比方读《论语》，开始碰到“仁”字不懂，“仁”字在《论语》中出现了一百多次，当读到十几次“仁”字时，对“仁”字的意义渐渐懂了，当读到几十次、上百次“仁”字时，对“仁”的意义懂得更多了。因为熟读背诵，对书中有“仁”字的句子全部记住，对有“仁”字的句子的上下文也全部记住，对于“仁”因上下文的关系而解释有变化也罢，对有“仁”字的词组因结构不同而用法有变化也罢，全都懂了，才叫“立体的懂”。

一　词的具体解释

这个“立体的懂”有三方面：一方面是词的具体解释；一方面是一个词作为术语时，了解术语的理论意义；一方面是要读懂文章的用意。就词的具体解释说，如《论语》中的“仁”字，在《学而》篇里：“孝弟也者，其为仁之本与！”这个“仁”字是指一种很高的道德标准，即仁德，认为孝弟是仁德的根本。在同一篇里，说：“泛爱众，而亲仁。”这个“仁”不指仁德，是指具有仁德的人，“仁”的解释稍有变化了。在《里仁》篇，说：“里仁为美，择不处仁，焉得知？”“里”指居住，这两个“仁”指有仁德的地方，相当于好的环境，“仁”的解释又有些变了。在《子路》篇里，说：“如有王者，必世而后仁。”假使有王者兴起，一定要经过三十年才能推行仁政。这个“仁”字指推行仁政，解释又有些变了。这个“仁”解释成推行仁政，成了动词，用法也变了。在这些句子里，“仁”字作为仁德的意义没有变，只是由于上下文的不同、用法的不同，在具体解释上有了变化。不懂得这种具体解释上的变化，光懂得“仁”指仁德，碰到具体解释上有变化的句子就看不懂了。要是把以上举的句子都读熟了，懂得了这些具体解释上的变化，这就是对“仁”字在解释上的“立体的懂”。

从前人读《论语》，就要把《论语》全书读熟背出，把《论语》全书读熟背出了，才会懂得“仁”字在不同上下文中具体解释的变化。用“仁”字作例，把《论语》全书读熟背出了，《论语》中别的不少的字，它们在不同上下文中的具体解释的变化和用法，也都懂了。有了这个基础，再去读别的古文，比方读唐宋以来的古文，不论唐宋以来的古文中的字，它们在不同上下文中的具体解释有多少变化，它们的用法有多少变化，都可以理解了，这就是“立体的懂”在读懂古文上的好处。从前人读书，为什么六七岁、七八岁的孩子，就能读懂古文，不仅能读懂，还会写古文，就因为他们小时，比方把《论语》全部读熟背出，对《论语》中的字有个“立体的懂”，所以他们在六七岁或七八岁时就能读懂古文了。再说，到了辛亥革命以后，废科举、兴学校，学校里不读《论语》，改读教科书了，那时从学校里毕业出来的学生，他们会读古文，又是怎样来的呢？原来当时的学校里，也教文言文，一到中学，就教传诵的古文，不但教古文，也要求学生熟读背诵。当时的中学毕业生，读四年中学，在四年中读了不少篇的古文，读熟背出了不少篇的古文，有了这个基础，他们对读熟背出的不少篇古文中的字，也就有了“立体的懂”。在这个基础上，就能读懂唐宋以来的古文了；即使有些字不认识，查一下字典也就懂了。因此要会读古文，不一定像私塾中的教法，一定要把“四书”“五经”都熟读背出才行，像辛亥革命后的学校里，教学生熟读背出多少篇古文也行。

学会读古文跟学会读外文相似。我向语言学大师吕叔湘先生请教他小时候是怎样学外文的。吕先生说，他小时读外文，老师要背，不是整课书背；老师挑出其中精彩的段落来要学生背，精彩的段落不长，可以背出。这次背出一段，下次再背出另一段，积少成多，就背出不少段落了。这是吕先生他们对英文有“立体的懂”的原因。《朱子语类》卷一一：“人读史书，节目处须要背得，始得。如读《汉书》，高祖辞沛公处，义帝遣沛公入关处，韩信初说汉王处，与史赞《过秦论》之类，皆用背得，方是。若只是略绰看过，心下似有似无，济得甚事！”朱熹讲读史书，挑重要节目处来读，跟吕先生的讲法相似。吕先生讲就一篇中挑精彩的段落来背，更为灵活可行。不论读古文或白话文，这方法都可行。吕先生小时候学英语的方法，可以参考来使我们达到对古文或外语的“立体的懂”。

再说张元善先生结合熟读背诵来讲“立体的懂”，还有一个意思，即培养语感。学习古文也是学习语言。《孟子·滕文公下》：

> 孟子谓戴不胜曰：“子欲子之王之善与？我明告子：有楚大夫于此，欲其子之齐语也，则使齐人傅诸，使楚人傅诸？”曰：“使齐人傅之。”曰：“一齐人傅之，众楚人咻（喧嚷）之，虽日挞而求其齐也，不可得矣。引而置之庄、岳（齐街里名）之间数年，虽日挞而求其楚，亦不可得矣……”

把方言区的孩子送到北京来念书，不用教他北方话，过几年，他的北方话就讲得好了，从发音到用词都北方话化了。他回到家里，听到家里的大人讲话不合北方话的标准，还会纠正，他已经有了北方话的语感。学习古文也这样，熟读背诵了古文，培养了对古文的语感，对于古文的用词造句，尤其是虚词的运用都熟悉了，也就会理解了。再像读旧体诗，按照旧体诗的平仄格律来读，读熟了，再读人家写的旧体诗，一读下去，不合律的字句立刻就显出来了。好比懂北方话的孩子，听人家说不合北方话的字音和词汇，一听就可以指出来一样。对古文有了这样的语感，读起古文来就容易理解了。

在这里，“立体的懂”又牵涉到读的问题。读近体诗一定得按照近体诗的平仄格律来读，按照近体诗的节拍来读。近体诗的节拍分平仄，称平音步和仄音步，如“仄仄平平仄”，是三个节拍，两个仄音步、一个平音步。读时，仄音步的延长时短，平音步的延长时长，大概是二与一之比。这样，读人家写的诗，凡是不合平仄格律的，一读就显出来了。不按照平仄格律读，那么读人家的诗，即使有不合平仄格律的，读起来还恐不易分别。读古文也有讲究，《现代中国文学史·陈衍》篇，讲陈衍五岁读《四书》：“一日，读《孟子》不仁者可与言哉条，一日，读《小弁·小人之诗也》章，喜其音节苍凉，抗声往复。父自外归，闻之色喜曰：‘此儿于书理，殆有神会。’”说明小孩子读书，到了读熟时也会有体会，从体会中会读出音节的疾徐抑扬来。这样熟读了，更有助于“立体的懂”。

对于“立体的懂”也不专靠聪明。钱穆《中国近三百年学术史·章实斋》篇，称他“幼多病，十四岁，《四子书》尚未卒业。十五六时，读书绝骙滞，日不过三二百言，犹不能久识。为文，虚字多不当理。廿一二岁以后，骎骎向长，纵览群书，尤好史部”。章学诚因从小多病，书读得少，记性也不行。正因为书读得少、记得少，所以到十五六岁时虚字还用不好。不过，到二十一二岁后，读了很多书，才通了。他的通，还是从读很多书来的。《现代中国文学史·王闿运》篇，称：“顾天性愚鲁，幼读书，日诵不及百言，又不能尽解。同塾者皆嗤之。师曰：‘学而嗤于人，是可羞也。嗤于人而不奋，无宁已。’闿运闻而泣，退益刻励，所习者，不成诵不食；夕所诵者，不得解不寝。年十五，始明训故。”那他是靠刻苦用功来读通古书的。不论靠多读或刻苦用功，都可到达“立体的懂”。

“立体的懂”还可用电子计算机来做说明，把两种不同的语文的词汇和语法等用软件放到电子计算机里，可以使它做两种语文的翻译工作。那么把几种古籍或多少篇古文熟读记在脑子里，或看了很多书，构成“立体的懂”，帮助阅读古文，应该是可信的。

问题是现在的学生要学许多门功课，参加工作的人工作很忙，都没有时间来熟读很多书，怎么办？现在我们不要求像从前人那样读很多古书，只要求能读懂一般的古文。解放前的旧制中学只有四年，四年中学毕业时，对一般古文也可以读懂。因为在旧制中小学内，学生对学的一些古文和古诗词是要背的，他们有了背诵的基础，就可以阅读一般的古文了。因此不要求像古人那样熟读很多的古书，只要仿照旧制中学那样，规定在中学六年里要背诵多少篇古文和诗词作基础，或者要求熟读古文中精彩的段落，积累起来熟读背诵多少段精彩古文，就都可以达到能阅读一般古文的目的了。

对于熟读背诵，也有不同意这种学习法的。1987年12月11日《人民日报》刊载李固阳同志《记忆、理解与常识》谈到了这个问题，李同志是赞同熟读背诵的，他说：

看了九月二十二日《大地》发表的杂文《常识

宋　阎仲　李密读书图

与谈资》，我有点不同看法，想借一角之地来谈谈。谈到记忆与理解的关系，一般都认为应该是在理解的基础上记忆。这当然是不错的。因为这样才能记得更牢，也就是《实践论》说的："理解了的东西才更深刻地感觉到它。"

不过，理解的基础却是记忆；什么都不记得也就谈不到理解。记忆的基础（或说是最基本的形式）又是机械记忆，也就是"死记硬背"。我们学外语不也得首先背单词吗？记得多了，才有比较，也才谈得到理解。鲁迅在《门外文谈》中就以小孩子学话为例，说明了这个道理。

至于记忆力，一般人都差不多。但也的确有记忆力惊人，类似"过目不忘"的人。例如大家熟知的已故陈寅恪教授，有人说"他对《十三经》大部分能背诵"（见俞大维《怀念陈寅恪先生》）。但有的人却不信，认为这不过是传说。我却是"宁可信其有"。因为，类似背诵《十三经》的人还听说过一些。陈寅恪教授抗战末期在成都燕京大学讲学时，我在那里学习。他那时已患目疾，讲课时闭目讲授，不看讲义，而旁征博引，令人吃惊。他还精通十几种语言，特别是梵文、巴利文等古代语言，都是首先要“死记硬背”的。

……

这篇短文主要不是为了说明某个人能不能背《十三经》，而是想为“死记硬背”多少争一点儿地位。现在常听说学生的语文、外语程度提不高，我总觉得要学习就必须背记一些东西，而且记得多了，才能触类旁通。不一味地搞死记硬背是对的；但不能走到另一个极端：不记也不背。

这里提到“在理解的基础上记忆”，“这样才能记得更牢”。照这样说，我们读一篇古文，只要对这篇古文的内容理解了，只要记住这篇古文的内容也就够了，不必费力去熟读背出了。这里还引了《实践论》说的：“理解了的东西才更深刻地感觉到它。”应该怎样去理解它呢？《实践论》说：

……论理的认识所以和感性的认识不同，是因为感性的认识是属于事物之片面的、现象的、外部联系的东西，论理的认识则推进了一大步，到达了事物的全体的、本质的、内部联系的东西，到达了暴露周围世界的内在的矛盾，因而能在周围世界的总体上，在周围世界一切方面的内部联系上去把握周围世界的发展。(《毛泽东选集》)

张元善先生提出“点线的懂、平面的懂、立体的懂”，正符合《实践论》的说法，“点线的懂、平面的懂”，即“是属于事物的片面的懂”，“立体的懂”才属于“事物的全体的懂”。要达到“全体的懂”，读一篇古文，光记住这篇古文的内容，不熟读背诵，对于这篇古文中的字的意义的了解还是不够的。对于这篇古文中的字的意义，具体解释在别的古文中由于上下文的不同而有所变化，更无法掌握。这样，还是读不懂别的古文的，还是对古文中的字不能有全面的懂，还达不到“立体的懂”，照《实践论》的说法，对古文中的字，要有全面的懂，还是非熟读背诵不可。

二　术语的理论意义

照《实践论》的说法，既要讲“论理的认识”，还要到达“事物的全体的、本质的、内部联系的东西”。从“仁”字看，“仁”字在《论语》里作为孔子学说中的一个术语，具有理论意义，还有在理论意义上的“立体的懂”，如《颜渊》篇说：“克己复礼为仁。”“克己”是要封建统治者（假定那时是封建社会）克制自己，使言行都合于礼。原来封建统治者掌握权力，为了自己或家族的私利，要破坏礼制。孔子用仁来限制他们，要他们的言行都合于礼，是要他们克己，不是纵容他们破坏礼制，当然更反对他们违法乱纪了。孔子讲仁，又是跟义结合的。《宪问》篇说：“仁者必有勇。”《为政》篇说：“见义不为，无勇也。”这就把义和仁结合起来了。他讲的“仁”，是正义的，所以在《卫灵公》篇说：“志士仁人，无求生以害仁，有杀身以成仁。”志士仁人为了维护正义，甘心牺牲性命。

不仅这样，要懂得“克己复礼为仁”，就要懂得“复礼”，要懂得“复礼”，就要懂得“礼”。《学而》篇说：“有子曰：‘礼之用，和为贵。’”什么叫“和”？《子路》篇：“子曰：‘君子和而不同，小人同而不和。’”杨伯峻先生《论语译注》注释道：

“和”与“同”是春秋时代的两个常用术语，《左传》昭公二十年所载晏子对齐景公批评梁丘据的话，和《国语·郑语》所载史伯的话都解说得非常详细，“和”如五味的调和，八音的和谐，一定要有水、火、酱、醋各种不同的材料才能调和滋味，一定要有高下、长短、疾徐各种不同的声调才能使乐曲和谐。晏子说：“君臣亦然。君所谓可，而有否焉，臣献其否，以成其可；君所谓否，而有可焉，臣献其可，以去其否。”因此史伯也说，“以他平他谓之和”。“同”就不如此，用晏子的话说：“君所谓可，据亦曰可；君所谓否，据亦曰否；若以水济水，谁能食之？若琴瑟之专一，谁能听之？‘同’之不可也如是。”我又认为这个“和”字与“礼之用，和为贵”的“和”有相通之处。因此译文也出现了“恰到好处”的字眼。

杨先生把“君子和而不同”，译成“君子用自己的正确意见来纠正别人的错误意见，使一切都做到恰到好处，都不肯盲从附和”。

那么孔子讲的“克己复礼为仁”，就“复礼”说，还要讲“和”。这个“和”，对当时的君主说，即“君所谓可，而有否焉，臣献其否，以成其可；君所谓否，而有可焉，臣献其可，以去其否”。即“君主所肯定的，其中有应该否定的，臣子就献上应该否定的，使君主肯定得正确。君主所否定的，其中有应该肯定的，臣子献上肯定的，来去掉君主所否定的”。目的是使事情做到恰到好处。这样，不论君主肯定的也好，否定的也好，臣子倘认为肯定或否定得不够正确，都要对君主提意见。所以《宪问》篇：“子路问事君，子曰：‘勿欺也，而犯之。’”“勿欺”即对君主要说真话，即“君子和而不同”，“同”是“盲从附和”，即说假话。“犯之”，即犯颜谏诤，向君主提意见，即君主的话不论肯定或否定，只要有不恰当的，都要向他提意见。要是君主反对臣下向他提意见，那怎么办呢？

《子路》篇引孔子说：“人之言曰：‘予无乐乎为君，唯其言而莫予违也。’如其善而莫之违也，不亦善乎？如不善而莫之违也，不几乎一言而丧邦乎？”孔子在这里提出警告，要是君主的话不正确又不准别人违抗他，不近乎要亡国吗？用亡国来警告君主，不要坚持错误的话。

这样，孔子讲的“克己复礼为仁”，还要“君子和而不同”，敢于对君主的不正确意见提出批评，宣扬一种民主精神。

还有，《论语·宪问》篇：

> 子贡曰："管仲非仁者与？桓公杀公子纠，不能死，又相之。"子曰："管仲相桓公，霸诸侯，一匡天下，民到于今受其赐。微管仲，吾其被发左衽矣。岂若匹夫匹妇之为谅也，自经于沟渎而莫之知也。"

孔子的学生子贡，认为管仲辅佐公子纠，是公子纠的臣子。齐桓公逼迫鲁国杀了公子纠，管仲不为公子纠报仇，反而去辅助齐桓公，这是不忠，不忠当然不仁。子贡从仁德高于忠德来看，所以认为管仲不仁。孔子不这样看，认为管仲辅佐桓公，联合诸侯，建立霸业，使天下得到匡正，人民到今天还受到他的好处。假使没有管仲，我们都会披散着头发，衣襟向左边开，沦为夷狄了。他难道像普通人一样守着小忠小信，在山沟中自杀，还没有人知道的吗？孔子认为管仲倘为了公子纠而自杀，对人民没有好处，是小忠小信。管仲不死，辅佐桓公，建立霸业，能够抵抗外族侵犯，使人民得到好处，这是对人民、对民族建立了大功，这种大功就值得被称为仁德，说“如其仁，如其仁”，重重地赞美管仲的仁德。他认为这种大功，胜过为公子纠而自杀的小忠小信。这是他把人民和民族的利益看得高于为君主的小忠小信，在看重对君主的忠信的时代，这种看法是辩证的。再说，孔子讲“克己复礼为仁”，要视听言动都合于礼才能称仁。《八佾》篇有人问：“‘然则管仲知礼乎?’曰：‘邦君树塞门（立照壁），管氏亦树塞门。邦君为两君之好，有反坫（有放器物的土台），管氏亦有反坫。管氏而知礼，孰不知礼?’”管仲既然不能复礼，本不应称仁。但因他对人民、对民族建了大功，还是称他为仁。这种看法也是辩证的。

《论语》里讲到仁的地方还有很多，以上所举是比较著名的。即就以上所举几点看，孔子讲仁，是一种很高的道德标准，它是与“义”结合的，是正义的；它是与“和”结合的，是民主的；它是从人民和民族的利益来考虑的，是有辩证观点的。这说明就“仁”字的理论意义看，“立体的懂”，是看得比较全面、比较确切的。

这是“立体的懂”的好处。

这样的“立体的懂”，是符合《实践论》讲的“到达了事物的全体的、本质的、内部联系的东西”。《实践论》又提到“到达了暴露周围世界的内在的矛盾”，再说孔子讲的“仁”——“无求生以害仁，有杀身以成仁”。文天祥在牺牲前，他的衣带中有赞：“孔曰成仁，孟曰取义，惟其义尽，所以仁至。读圣贤书，所学何事？而今而后，庶几无愧。”（《宋史·文天祥传》）文天祥是真正懂得“仁”的理论意义的，认为“仁”是和“义”结合的，所以“义尽”才能“仁至”；认识到“仁”是为人民和民族的利益来考虑，他为了反对蒙古军对汉族人民的屠杀和压迫，甘于牺牲。通过他的牺牲，来“暴露周围世界的内在的矛盾”，激发汉族人民反抗民族压迫的崇高精神。

在这里接触到《荀子·劝学》里讲的：“君子之学也，入乎耳，著乎心。布乎四体，形乎动静。端（同喘，微言）而言，蝡（微动）而动，一可以为法则。小人之学也，入乎耳，出乎口。口耳之间，则四寸耳，曷足以美七尺之躯哉！”《朱子语类》里对这作了反复阐说，如卷一一：

读书，不可只专就纸上求理义，须反来就自家身上（以手自指）推究。秦汉以后无人说到此，亦只是一向去书册上求，不就自家身上理会。自家见未到，圣人先说在那里。自家只借他言语来就身上推究，始得。

今人读书，多不就切己上体察，但于纸上看，文义上说得去便了。如此，济得甚事！……因提案上药囊起，曰："如合药，便要治病，终不成合在此看。如此，于病何补！"文字浩瀚，难看，亦难记。将已晓得底体在身上，却是自家易晓易做底事。解经已是不得已，若只就注解上说，将来何济！

三　探索文章用意

古人写文章，有的有针对性。比方写信，是给对方看的，只要对方看懂就够。因此信里的话，对方了解情况，看了就知道他为什么这样写。后来的读者不了解情况，只就信里写的话来探索作者的用意，可能猜错。"立体的懂"，要求不光懂得书中写的话，还要懂得当时的情况，懂得他这样写的用意。否则把作者的用意搞错了，就没有弄懂，谈不上“立体的懂”了。

比方司马迁的《报任少卿书》，他写这封信的用意是什么，引起了后人的猜测，清朝包世臣在《复石赣州书》里说：

上年曾于席间，论史公《答任安书》，二千年无能通者。阁下比诘（近问）其故，世臣答以阁下博闻深思，诵之数十过，则自生疑；又百过，当自悟。阁下次日见过云：“客散后，即检本讨寻，竟不能得端绪，唯觉通篇文意，与推贤荐士不相贯串耳，敢请其指归。”世臣复答以阁下半夜之间，多则十数过，何能即悟？请再逐字逐句思之，又合全文思之，思之不已，则有得已，非敢吝也。凡以为学之道，闻而得，不如求而得之深固也。阁下旋即奉差出省，继复摄郡赴虔，遂尔远违。忽复更岁，昨奉手书，具问前事，委曲详缛，大君子之虚中，真学人之果力，悉见简内。世臣不敢不遂进其愚，以明丽泽（两泽相连，比朋友互相切磋）互师之道矣。

窃谓推贤荐士，非少卿来书中本语，史公讳言

> 少卿求援，故以四字约来书之意，而斥（指）少卿为天下豪俊以表其冤。中间述李陵事者，明与陵非素相善，尚力为引救，况少卿有许死之谊乎？实缘自被刑后，所为不死者，以《史记》未成之故。是史公之身，乃《史记》之身，非史公所得自私，史公可为少卿死，而《史记》必不能为少卿废也。结以“死日是非乃定”，则史公与少卿所共者，以广少卿而释其私憾。是故文澜虽壮，而滴水归源，一线相生，字字皆有归著也。

包世臣认为司马迁的《报任少卿（安）书》，“二千年无能通者”，包括班固著《汉书·司马迁传》里引了这封信，但没有读懂这封信的用意；李善《文选》注里注了这封信，也没有读懂这封信的用意。他要他的朋友读数十遍，才能产生疑问；读一百遍，才能解决疑问，懂得这封信的用意。他自以为是懂得这封信的用意。他的朋友，把这封信读了多遍，隔了一年，还不明白，还要来向他请教。这说明要懂得这封信的用意，光靠读熟背出还不行。包世臣的朋友，对这封信一定读得很熟，还是不懂得它的用意；不懂得它的用意，谈不上“立体的懂”。这说明“立体的懂”，在读熟背出外，还需要理解当时情况，即知人论世了。

先来看这封信的问题在哪里，就《文选·报任少卿书》看，先说：“少卿足下：曩（前）者辱赐书，教以慎于接物，推贤进士为务。”是任安先写信给司马迁，要他“接物”，“推贤进士”，即接待各方人物，选择其中的贤才来向朝廷推荐。李善注引《汉书·司马迁传》：“迁既被刑之后，为中书令，尊宠任职。故人益州刺史任安予迁书，责以古贤臣之义。迁报之。”这里说班固在《汉书·司马迁传》里，认为司马迁在李陵投降匈奴时，替李陵说了好话，说他要找机会来报答汉朝，因此触怒汉武帝，受了腐刑。受刑以后，做了中书令，得到汉武帝的尊宠，所以他的朋友益州刺史任安写信给他，要他向汉武帝推荐贤人，司马迁因此写了这封回信，表示他已经受过腐刑，没有资格推荐贤才了。班固和李善都是这样理解这封信的。包世臣认为他们两人都没有读懂这封信，他的疑问在哪里呢？

这封信里讲道：“行莫丑于辱先，而诟（耻）莫大于宫刑。刑余之人，无所比数。”“夫以中才之人，事有关于宦竖，莫不伤气，而况于慷慨之士乎？如今朝廷虽乏人，奈何令刀锯之余荐天下豪俊哉?”这是说，他受了宫刑，同于宦竖，即同于太监。中才之人，以接触太监为耻辱，更不要说天下豪俊了。所以他是无法接待人物、推荐贤才的。这是回答任安要他“接物”，“推贤进士”，本很明白，问题在哪里呢?

信里谈到他替李陵说话因而受腐刑的事：

> 仆与李陵俱居门下（宫门之下，当指在朝做官），素非相善也……然仆观其为人自奇士……常思奋不顾身以徇国家之急。其素所畜积也，仆以为有国士之风……且李陵提步卒不满五千……与单于连战十余日，所杀过当。虏救死扶伤不给，旃裘之君长咸震怖，乃悉征左右贤王，举引弓之人，一国共攻而围之。转斗千里，矢尽道穷，救兵不至，士卒死伤如积。然李陵一呼劳军，士无不起，躬流涕，沫血饮泣，张空拳，冒白刃，北首争死敌。……仆窃不自料其卑贱……以为李陵素与士大夫绝甘分少，能得人之死力，虽古名将不能过也。身虽陷败，彼观其意，且欲得其当而报汉。事已无可奈何，其所摧败，功亦足以暴于天下。

他因此触犯汉武帝，受到腐刑。

下面讲他受到腐刑，为什么还要“隐忍苟活”？因为他在著作《史记》，“草创未就，适会此祸，惜其不成，是以就极刑而无愠色。仆诚已著此书，藏之名山，传之其人，通邑大都，则仆偿前辱之责，虽万被戮，岂有悔哉”，最后提到“今少卿乃教以推贤进士，无乃与仆私指谬乎”，还是回到任安来信劝他“推贤进士”，跟他的想法背反。

那么包世臣的疑问在哪里呢？原来在信的开头部分，又提到“今少卿抱不测之罪，涉旬月，迫季冬，仆又薄（迫）从上上雍（从汉武帝到雍州去），恐卒（猝）然不可讳（指少卿被杀死）。是仆终已不得舒愤懑以晓左右，则长逝者魂魄私恨无穷。请略陈固陋。缺然不报，幸勿过”。从这段看，任安犯了死罪，关在狱内，不久要被处决。他这封回信，是写给关在狱内的任安的。从这段话看，他写这封回信，一是回答任安来信，劝他“推贤进士”的话，二是“舒愤懑”。包世臣从中提出疑问。按照包世臣的想法，任安写信劝他“推贤进士”，他只要回信说，自己受过腐刑，成了宦竖，已经没有资格推贤进士，就可以了。为什么还要讲他替李陵说话因而受腐刑？为什么还要说受腐刑时偷生不死，要为《史记》而活着呢？好像这些话都不用说的。照包世臣的推想，任安给司马迁的信，不是在做益州刺史时写的，是在犯了死罪关在狱里写的。信里写的不是要他“推贤进士”，是要司马迁救他。司马迁的回信，不好说任安求救，改说任安要他“推贤进士”。好像这样来理解，就讲通了。司马迁讲他替李陵说话而受腐刑，说明自己不能出来替任安说话，不能救任安，因为替任安说话，就会被汉武帝所杀，他不能死，因为他要为著《史记》而活着，所以他接下来讲自己为《史记》而活着的话。班固、李善都不懂得这个意思，所以他们都没有读懂这封信，所以说“二千年无能通者”。

包世臣这个解释对不对呢？不对。为什么不对呢？因为他只读这封信，不去了解当时的情况，所以猜错了。当时的情况怎样呢？汉武帝征和二年（前91），江充要害太子刘据，说太子宫内有巫蛊气，骗取武帝的信任，便到太子宫内掘到许多木人，说这些木人是太子要用来咒死武帝的。其实这些木人就是江充带进去的。太子既见不到武帝，无法自明，便杀了江充，发兵与丞相刘屈氂战。当时任安做护北军使者，太子给了任安节符，要他出兵接应。任安接受了太子的节符，闭门不出。太子战败自杀。武帝认为任安老奸巨猾，看见太子起兵，要坐观成败。太子胜了，他是接受太子节的；太子败了，他是闭门不出的。他有二心，便把他关在狱里，判了死刑，准备到冬月处决（参《资治通鉴·汉纪》十四及《史记·田叔列传》后附褚先生的记事）。包世臣认为任安是在狱里写信给司马迁求救的。任安的信是在什么时候写的呢？司马迁的信里说："书辞宜答，会东从上来，又迫贱事，相见日浅，卒卒（猝猝）无须臾之闲，得竭志意。"是司马迁接到任安的信后，应该写回信，碰上他要跟武帝到东方去，没有时间写。"会东从上来"，就是指武帝在太始四年（前93）三月，东巡，封禅泰山，司马迁跟着去。那么任安的信，当在太始四年写的，即公元前93年写的。任安犯罪下狱，在征和二年，即公元前91年。那么任安的信，写在他下狱前二年，不是在狱里写的。班固说益州刺史任安写信给司马迁，是对的。公元前91年，任安还在做益州刺史。他写信给司马迁，要司马迁"推贤进士"。因司马迁那时尊宠任职，大概要司马迁推荐自己入朝做官。司马迁接信后，碰上要跟武帝东巡，去封禅泰山，没时间写回信，等他跟武帝东巡回来，任安被武帝调到京里来任护北军使者，用不到司马迁推荐了，所以信里说“相见日浅”。正因为任安已经调来京城，所以可以“相见”；但又因各人忙于各人的事，相见的机会不多，所以称“日浅”了。接下来就发生巫蛊之变，任安得罪下狱，所以司马迁才写这封信给他。包世臣认为任安的信是在狱里写的，是猜错了。认为任安的信是向司马迁求救，也猜错了。认为任安不是要司马迁“推贤进士”，也错了。又认为司马迁为《史记》活着，为了写《史记》不能救任安，也不确。司马迁在这封信里说明他著作《史记》：“为十表，本纪十二，书八章，世家三十，列传七十，凡百三十篇。”又说“仆诚以（已）著此书”，那他写这封信时，《史记》的著作似已完成，说他为著《史记》而不能救任安，似也不确。

那么写这封信的用意究竟是什么呢？信里既回答了任安来信中提到的要他“推贤进士”的问题，还谈到“舒愤懑以晓左右”，主要的用意似乎在“舒愤懑”。按《资治通鉴·汉纪》太始二年，七月壬午发生巫蛊之变，太子杀江充，战败逃亡。壶关三老令狐茂上疏，称江充“造饰奸诈”，“太子进不得见上，退则困于乱臣，独含冤结愤而无告诉”，“起而杀充，恐惧逋逃，子盗父兵，以救难自免耳”。武帝感悟。江充陷害太子的事，在这年七月已经清楚。司马迁这封信，说“涉旬月，迫季冬”，当写在十月，这事已经明白了。那么太子不是反，是“子盗父兵，以救难自免耳”，任安不出兵攻太子没有错，任安接受太子节闭门自守也没有死罪。武帝判他死罪，是太残酷了。这正像他替李陵说话，武帝处以腐刑一样，也太残酷了。这是他所以要“舒愤懑以晓左右”。他在信里除了回答任安要他“推贤进士”，所以要讲有关他的李陵之祸，主要是舒愤懑，在舒愤懑里也含有替任安的不平在内。从他受腐刑而不死，连带讲到他为了著《史记》而活着。讲到《史记》已经完成，“虽万被戮，岂有悔哉”。不怕被杀，也是抒愤懑。最后提到“要之死日，然后是非乃定”。即他的受腐刑、任安的被处死，是非怎样，要到死后才定。意指汉武帝的残酷，表达他的愤懑。在这里指出包世臣的看法不对，就在于他只就这封信的本身猜测。要了解这封信的用意，还要了解当时的情况，即知人论世才行，才能理解这封信的用意，达到“立体的懂”。

章学诚《文史通义·外篇一·和州志艺文书序例》：

史家所谓部次条别之法，备于班固，而实仿于司马迁……其于六艺而后，周秦诸子，若孟荀三邹、老庄申韩、管晏、屈原、虞卿、吕不韦诸传，论次著述，约其归趣，详略其辞，颉颃其品；抑扬咏叹，义不拘墟。在人即为列传，在书即为叙录；古人命意标篇，俗学何可绳尺限也？

这里提出史学家“部次条别之法”，单就其中对周秦诸子说，怎样把周秦诸子编为合传，加以标题，都有用意。要探讨作者的用意，不同于探讨一篇文章的用意，是要再进一步，探讨一组文章的用意。这一组文章，即《史记》中对周秦诸子的列传。这里有“孟荀三邹”合为一传，“老庄申韩”合为一传，“管晏”“屈贾”“平原君虞卿”都是两人合为一传，《吕不韦》是一人的专传，为什么这样来编合传，或专传，作者的用意是什么，懂得了他的用意，才懂得他的“部次条别之法”。上面的引文，只提“屈原”，不提“屈贾”；只提“虞卿”，不提“平原君虞卿”，因为上面说明“周秦诸子”，贾谊是汉人，所以不列入；平原君是公子，不属于诸子，所以也不列入。

司马迁为什么把“孟荀三邹”合为一传?《孟子荀卿列传》里，主要把孟子、荀卿合传，因为两人都是儒家。里面还讲了邹忌，是政治家，不是儒家；驺衍是阴阳家，驺奭颇采驺衍之术，也是阴阳家。这三人都不是儒家，为什么叙在《孟子荀卿列传》里?传里讲孟子，“述唐虞三代之德”，“述仲尼之意”，即讲道德仁义。讲荀卿“推儒、墨道德之行事”，也是讲道德的。再看邹忌，讽齐王纳谏，采纳各方意见，符合儒家的要求。驺衍讲阴阳消息，“然要其归，必止乎仁义节俭”，他讲的怪迂的说法，归结到仁义节俭，也跟儒家学说相通。驺奭本于驺衍的说法，所以也列入。这样把“孟荀三邹”合为一传，再讲他们的学说，说明合传的理由。

《史记·老庄申韩列传》，把道家的老子、庄子和法家的申不害、韩非合为一传，为什么?老子传里讲老子“无为自化，清静自正”。庄子传里讲庄子“其要归本于老子之言”。讲申不害，“申子之学本于黄、老（黄帝、老子）而主刑名”。讲韩非，“喜刑名法术之学，而其归本于黄、老”，又称老子“虚无因应，变化于无为”。庄子“亦归之自然”。申子“施之于名实”。“韩子引绳墨，切事情，明是非，其极惨礉少恩。皆原于道德（老子《道德经》）之意”。这里指出法家的惨礉少恩，都从道家老子来的，说明法家学说用道家的理论，所以可以合为一传。

《史记·管晏列传》，把管仲、晏婴合为一传，传里称管仲“善因祸而为福，转败而为功”，“将顺其美，匡救其恶，故上下能相亲也”。又称晏婴“进思尽忠，退思补过”。指出他们在政治思想上有相通的地方，故合为一传。《史记·屈原贾生列传》，把战国时代的屈原和汉代的贾谊，即时代不同的人合为一传。传里称屈原：“信而见疑，忠而被谤，能无怨乎？”称贾谊欲为汉定法制，“天子（汉文帝）议以为贾生任公卿之位。绛、灌、东阳侯（周勃、灌婴、张相如）、冯敬之属尽害之”，“乃以贾生为长沙王太傅”，那也是信而见疑，忠而被谤，贬官在外。两人都是著名的辞赋家，传里载了他们的辞赋，所以合为一传。

《史记·平原君虞卿列传》，把平原君赵胜和虞卿合为一传。传里称赵胜是赵国的公子，为赵相。传末称：“平原君贪冯亭邪说，使赵陷长平兵四十余万众，邯郸几亡。”按秦攻下韩国野王城，韩国的上党城被秦军隔断，不能和韩国连接。上党守冯亭不愿降秦，愿以上党地归赵。赵孝成王与平阳君、平原君计议，平阳君说："不如勿受，受之祸大于所得。"平原君说："无故得一郡，受之便。"赵受上党。秦攻上党，赵驻军长平以拒秦。秦军绝赵军粮道，赵军粮尽降秦，秦军坑杀赵军四十万于长平，进围赵京城邯郸。传又称虞卿，游说之士，说赵孝成王，为赵上卿。又称"虞卿料事揣情，为赵画策，何其工也"。平原君贪上党地，使赵军陷没四十万众，与虞卿善于为赵划策，构成对照，所以合在一传。又称虞卿著书，"凡八篇，以刺讥国家得失，世传之曰《虞氏春秋》"。

《史记·吕不韦列传》是专传，传称吕不韦，是大商人。秦公子子楚为质于赵，吕不韦结好子楚，以千金为子楚立声誉使子楚得立为太子。及子楚即位为庄襄王，以吕不韦为丞相。不韦招致食客三千人，"使其客人人著所闻，集论以为八览、六论、十二纪，二十余万言。以为备天地万物古今之事，号曰《吕氏春秋》"。

章学诚提出的史学家"部次条别之法"，光看他的文章，就列传说，是讲史学家按照人物的类别分立合传和专传。就其中的诸子说，"在人即为列传，在书即为叙录"。按照各家学说，分成合传或专传，在传里讲了各家学说的要点。就分立合传、专传说，即“在人即为列传”，就叙述各家学说的要点说，即“在书即为叙录”。这是司马迁编列传的方法，即属于“部次条别之法”的一种。要懂得这种“部次条别之法”，光看章学诚的文章，还只是一个抽象的概念，还要根据他在文中举出有关周秦诸子的传记来看，即据他在文中列举的“孟荀三邹、老庄申韩”等传，找出《史记》的《孟子荀卿列传》《老庄申韩列传》来看，看司马迁为什么要把这些人合在一传，看他怎样叙述这些人的学说的要点。这样看了，对于“在人即为列传，在书即为叙录”，有个较具体的印象，对“部次条别之法”，开始有了认识。倘要再进一步，比方司马迁把“老庄申韩”合为一传，即认为法家的学说本于道家，光看《老庄申韩列传》还不够，还要去读《老子》《庄子》《申子》《韩非子》中有关的论说，研究法家的理论怎样本于道家，对此有了明确的认识，这才对于司马迁就周秦诸子的“部次条别之法”，有个“立体的懂”。这样，要对史家“部次条别之法”有个“立体的懂”，就要读很多有关的书，要在这方面有个融会贯通的理解，比理解一篇文章的用意更费研讨了。

这里接触到我们为什么要学古文的问题，我们要建设精神文明，要继承古代优秀的文化传统，像文天祥为了保护民族的利益，反抗压迫的崇高精神，不正是值得我们继承吗？这些都记载在古文里。文天祥的反民族压迫的崇高精神是从“孔曰成仁，孟曰取义”来的，孔孟的这种崇高精神，不值得我们学习吗？这些也都记载在古文里。还有我们要学习我国的历史，要学习优秀的文学作品，等等，都记载在古文里，这是我们要学习古文的理由。怎样学习古文，怎样“立体的懂”，还可引证古人的论述，这就接触到“因声求气”了。

2

二

“因声求气”说的先行者

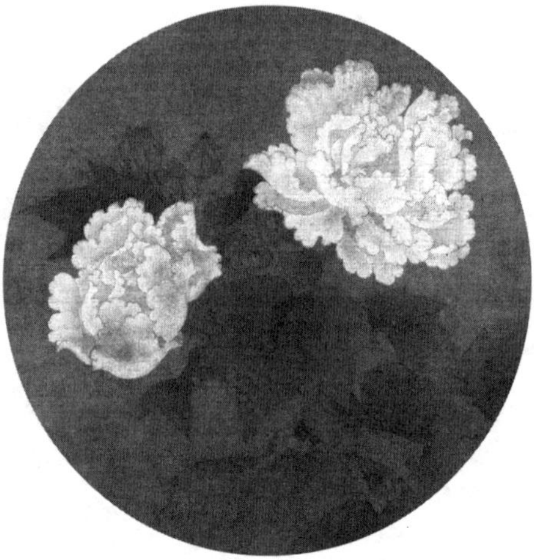

南宋　李迪　白芙蓉

学习古文，从熟读古文入手。对于熟读古文还要背诵，有两种说法：一叫“死记硬背”，一叫“因声求气”。“死记硬背”就是为了记住它、背出它而读，这样读就成为苦事。“因声求气”，前边提到著名诗人陈衍五岁时，读《孟子·不仁者可与言哉》章，又读《小弁小人之诗也》章，“喜其音节苍凉，抗声往复。父自外归，闻之色喜，曰：‘此儿于书理，殆有神会’”，这样读书，体会到文辞的音节美，体会到原文中所表达的思想感情，从这里感到喜悦，不再认为读书是苦事。在喜悦中自然成诵，熟读背出，这就是桐城派讲的“因声求气”。“声”就是文辞的音节美，“气”就是作者所表达的气势，作者在表达思想感情时所形成的气势的抑扬疾徐顿挫。“因声求气”即刘勰《文心雕龙·知音》篇说的：“夫缀文者情动而辞发，观文者披文以入情，沿波讨源，虽幽必显。世远莫见其面，觇文辄见其心。岂成篇之足深，患识照之自浅耳。”刘勰提出作者“情动而辞发”，这个“情”指思想感情，作者有了思想感情要表达出来写成文辞，读者看了文辞来理解作者的思想感情。作者的思想感情有时是含蓄的，经过沿波讨源的探索，一定可以使它显露出来。虽然我们看不到古代的作者，但是看了他的文辞可以感受到他的心情。有的文辞写得较深，不容易体会作者的心情；只因认识的浅薄，才体会不到，古人之所以提出熟读，就是要在熟读中反复体会作者的思想感情。桐城派提出的“因声求气”就要通过熟读来体会作者的思想感情。在桐城派提出“因声求气”以前，就有这样做的，这里称其为“因声求气”说的先行者。

一　苏洵说

讲读书的，著名的有苏洵《上欧阳内翰书》：

> 洵少年不学，生二十五岁，始知读书……取《论语》、《孟子》、韩子（韩愈集）及其他圣人、贤人之文，而兀然端坐，终日以读之者七八年。方

其始也，入其中而惶然；博观于其外，而骇然以惊。及其久也，读之益精，而其胸中豁然以明，若人之言固当然者，然犹未敢自出其言也。时既久，胸中之言日益多，不能自制，试出而书之，已而再三读之，浑浑乎觉其来之易矣，然犹未敢以为是也。

这里，苏洵讲他二十五岁时才发愤读书，读了七八年。他是会读古文以后再来读古书的。他开始读这些古书时，“入其中”，进入这些古书之中，即刘勰讲的“观文者披文以入情”，进入作者的思想感情，这正像我们上面讲孔子讲仁的理论的认识，到达了事物的全体的、本质的、内部联系的世界，所以“惶然”（有惶恐的意思），想不到孔子的思想这样的深远。再“博观于其外”，跟外界事物联系，是不是“到达了暴露周围世界的内在的矛盾”，接触到“有杀身以成仁”，所以“骇然以惊”呢？这样，他读书是“立体的懂”，所以“其胸中豁然以明”了。这样来看世间事物，就有话要说，所以“胸中之言日益多”，“浑浑乎觉其来之易矣”。那他的读书，“端坐终日以读之者七八年”，达到了“立体

清　蔡嘉　秋夜读书图

的懂”，接受了正确的思想感情的感染，才有很多话要说了。

朱熹《朱文公全集》卷七四《沧州精舍论学者》，引了苏洵的话说：“予谓老苏但为欲学古人说话声响，极为细事。乃肯用功如此，故其所就，亦非常人所及。如韩退之、柳子厚辈亦是如此。其答李翊、韦中立书，可见其用力处矣。然皆只是要作好文章，令人称赏而已。”朱熹指出苏洵的“端坐终日以读之者七八年”，只是“欲学古人说话声响”，即通过“学古人说话声响”来“入其中而惶然，博观于外，而骇然以惊”，即后来桐城派“因声求气”说的先行者。

二　韩愈、柳宗元说

朱熹又讲到韩愈《答李翊书》、柳宗元《与韦中立论师道书》也是这样，即也是像苏洵那样读书，“欲学古人说话声响”，也是“因声求气”的先行者，也是“乃肯用功如此，故其所就，亦非常人所及”。再来看看他们又是怎样像苏洵那样读书的。

韩愈《答李翊书》：

愈之所为，不自知其至犹未也。虽然，学之二十余年矣。始者非三代两汉之书不敢观，非圣人之志不敢存。处若忘，行若遗，俨乎其若思，茫乎其若迷。当其取于心而注于手也，惟陈言之务去，戛戛乎其难哉……如是者亦有年，犹不改，然后识古书之正伪，与虽正而不至焉者，昭昭然白黑分矣。而务去之，乃徐有得也。当其取于心而注于手也，汩汩然来矣……如是者亦有年，然后浩乎其沛然矣……气，水也；言，浮物也。水大而物之浮者大小毕浮。气之与言犹是也，气盛，则言之短长与声之高下者皆宜。

韩愈在这里讲的，只说“非三代两汉之书不敢观”，即看书，不说读书，那朱熹怎么说他跟苏洵“亦是如此”，也“欲学古人说话声响”呢？因为“欲学古人说话声响”，非朗诵不可，只是观书，是学不到古人说话声响的。按李汉《昌黎先生韩愈文集序》：“自知读书为文，日记数千百言。比壮，经书通念晓析。”可见他年轻时是读书的，要“日记数千百言”，非苦读不行。再看韩愈在《进学解》里说：“先生口不绝吟于六艺之文，手不停披于百家之编。”这两句是互文，即口不绝吟于六艺百家之文，手不停披于六艺百家之编。“口不绝吟”正说明他是朗诵的，不称诵而称吟，说明他的朗诵是有节拍的。他又讲“气盛则言之短长与声之高下者皆宜”，这正说明他的朗诵是分别“言之短长与声之高下”的，所以称为“吟”。他这样的朗诵，是通过朗诵来学“古人说话声响”，跟苏洵一致。因此他的体会也跟苏洵相似。像韩愈讲的“非圣人之志不敢存。处若忘，行若遗，俨乎其若思，茫乎其若迷”，像上面指出的体会到孔子讲的“仁”字的理论意义，把它存在心里，于是对于世俗的见解不合于孔子所讲“仁”的道理的，就要“处若忘，行若遗”，加以排除。这就“俨乎其若思，茫乎其若迷”，这正像苏洵的“入其中而惶然，博观于其外，而骇然以惊”。韩愈又一步进，“然后识古书之正伪，与虽正而不至焉者，昭昭然白黑分矣”。即能够用圣人的正确观点来分别是非。这正像苏洵讲的“而其胸中豁然以明，若人之言固当然者”，正确的意见是“固当然者”，本是应该这样的。韩愈讲，再后来，“当其取于心而注于手也，汩汩然来矣”，像水急流那样来了。即苏洵说的“浑浑乎觉其来之易矣”。这样看来，韩愈和苏洵讲的确是一致的。

再看柳宗元《报袁君陈秀才避师名书》说：

> 大都文以行为本，在先诚其中。其外者当先读《六经》，次《论语》、孟轲书，皆经言。《左氏》《国语》，庄周、屈原之辞，稍采取之。穀梁子、太史公甚峻洁，可以出入。余书俟文成异日讨也。

在这里，他是讲读书的，所读的书经史子集都有，以经为主，子史集稍采取之，是有分别的。再看他的《与韦中立论师道书》（见“融会贯通”节），对他所读的书，还要讲“本之”“参之”的。那么朱熹讲他跟苏洵的读书“亦是如此”，定有道理的，不过柳宗元讲的体会，跟苏洵和韩愈讲的不同。韩愈和苏洵讲的是理论上的认识，柳宗元讲“本之”“参之”的，是讲艺术风格上的体会。

3

三

因声求气

宋　佚名（传马麟）石榴蜡嘴图

以上属于“因声求气”说的先行者，还没有提出“因声求气”来。到桐城派论文，才提出“因声求气”来。张裕钊《与吴至父书》：“故姚氏（鼐）暨诸家因声求气之说，为不可易也。”

一　姚鼐说

先看姚鼐及诸家讲到“因声求气”之说。姚鼐在《惜抱轩尺牍》中说：

> 大抵学古文者，必要放声疾读，又缓读，祇久之自悟。若但能默看，即终身作外行也。
>
> 诗、古文各要从声音证入，不知声音，终为门外汉耳。
>
> 文章一事，而其所以为美之道非一端。命意、

立格、行气、遣辞，理充于中，声振于外，数者一有不足，则文病矣。作者每意专于所求，而遗于所忽；故虽有志于学，而卒无以大过乎；凡众故必用功勤而用心精密，兼收古人之具美，融合于胸中，无所凝滞，则下笔时自无得此遗彼之病也。

文韵致好，但说到中间，忽有滞钝处，此乃是读古人文不熟；急读以求其体势，缓读以示其神味，得彼之长，悟吾之短，自有进也。

学文之法无他，多读多为，以待其一日之成就，非可以人力速之也。士苟非有天启，必不能尽其神妙；然苟人辍其力，则天亦何自启之哉！

大抵文字须熟乃妙，熟则利病自明，手之所至，随意生态，常语滞义，不遣而自去矣。

深读久为，自有悟入……夫道德之精微，而观圣人者不出动容周旋中礼之事；文章之精妙，不出字句声色之间，舍此便无可窥寻矣。

凡书少时未读，中年阅之，便恐难记，必随手抄纂。

姚鼐讲的“因声求气”比苏洵更明确了，强调读书，分疾读和缓读，又称“只久之自悟”，要读得久，才有悟入。并认为“若但能默看，即终身作外行也”。通过久读熟读来悟入，即“要从声音证入”，否则“终为门外汉”。怎样“从声音证入”呢？即通过疾读缓读，理解古人名文的“命意、立格、行气、遣辞”，“兼收古人之具美，融合于胸中，无所凝滞”，到自己下笔写作时，就能做到“理充于中，声振于外”，在“命意立格，行气遣辞”上，吸收了“古人之具美”，自然“无得此遗彼之病”了。自己写作时，中间“忽有滞钝处，此乃是读古人文不熟”，还得靠熟读来补救。“急读以求其体势，缓读以求其神味，得彼之长，悟吾之短，自有进也”。那么要求文章的体势恰好，要有神味，都得从急读缓读中求得。要懂得文章的神妙，就靠“多读多为”，得到启发。“文章之精妙，不出字句声色之间”，通过多读熟读，即通过字句来体会声色，体会文章之精妙，这即是“从声音证入”。“从声音证入”，即通过熟读来理会文章的“行气遣辞”，即“因声求气”。理会了“行气遣辞”，懂得文章的“命意、立格”，懂得文章的体势神味，懂得文章的神妙，使自己的写作逐步进入这个境界，这是姚鼐讲的“因声求气”。他又认为少时记忆力最好，所以须熟读的书，要在少时读熟。中年阅书，就要靠笔记了。

二 梅曾亮说

再看梅曾亮的讲法：

> 夫观书者，用目之一官而已；诵之而入于耳，益一官矣。且出于口，成于声，而畅于气。夫气者，吾身之至精者也。以吾身之至精，御古人之至精，是故浑合而无有间也。国朝人文，其佳者固有得于是矣。(《与孙芝房书》)
>
> 罗台山氏与人论文，而自述其读文之勤与读文之法，此世俗以为迂且陋者也。然世俗之文，扬之而其气不昌，诵之而其声不文，循之而词之丰杀厚薄缓急与情事不相称；若是者，皆不能善读文者也。文言之，则昌黎所谓养气；质言之，则端坐而诵之七八年。明允之言，即昌黎之言也。文人矜夸，或自讳其所得，而示人以微妙难知之词。明允可谓不自讳者矣，而知而信之者或鲜。台山氏能信

而从之，而所以告人者，亦如老泉之不自讳。吾虽不获见其人，其文固可以端坐而得之矣。（《台山论文书后》）

梅曾亮讲“因声求气”又有了新的提法，认为朗诵比看书的好处多，即用目用耳，“成于声，而畅于气”，即“因声求气”。朗诵时，使“我”之气与古作者之气“浑合而无有间”，即通过朗诵来体会作者的“行气遣辞”，理会作者怎么用文辞来表达他的情意，理会作者“修辞立其诚”，所用的文辞，跟他所写的情事的丰杀厚薄缓急相称。古代传诵的名文，所写的文辞，它的丰杀厚薄缓急是与情事相称的，这就是它的“行气遣辞”。通过诵读，体会古人的“行气遣辞”，体会怎样使词之丰杀厚薄缓急与情事相称，自己下笔时，也注意学习古人的“行气遣辞”，使所写文辞的丰杀厚薄缓急与情事相称，这就是成功之作了。

三　方东树、张裕钊说

再看方东树讲“因声求气”：

夫学者欲学古人之文，必先在精诵，沉潜反复，讽玩之深且久。暗通其气于运思置辞、迎拒措置之会，然后其自为之以成其辞也，自然严而法，达而臧；否则心与古不相习，则往往高下短长，龃龉而不合；此虽致功浅末之务，非为文之本，然古人之所以名当世而垂为后世法，其毕生得力，深苦微妙而不能以语人者，实在于此。（《仪卫轩文集·书〈惜抱先生墓志铭〉后》）

张裕钊说：

古之论文者曰："文以意为主，而辞欲能副其意，气欲能举其辞。"譬之车然，意为之御，辞为之载，而气则所以行也。欲学古人之文，其始在因声以求气。得其气，则意与辞往往因之而并显，而法不外是矣。是故契其一，而其余可以绪引也。盖曰意、曰辞、曰气、曰法之（此）数者，非判然自为一事，常乘乎其机，而混同以凝于一，惟其妙之一出于自然而已。自然者，无意于是，而莫不备至，动皆中乎其节，而莫或知其然……夫文之至者，亦若是焉而已。观者因其既成而求之，而后有某者某者之可言耳。夫作者之亡也久矣，而吾欲求至乎其域，则务通乎其微，以其无意为之，而莫不至也。故必讽诵之深且久，使吾之与古人訢合（犹浑合）于无间，然后能深契自然之妙，而究极其能事。若夫专以沉思力索为事者，固时亦可以得其意，然与夫心凝形释，冥合于言议之表者，则或有间矣。故姚氏暨诸家因声求气之说，为不可易也。吾所求于古人者，由气而通其意，以及其辞与法，而喻乎其深。及吾所自为文，则一以意为主，而辞、气与法胥（都）从之矣。（《濂亭文集·答吴挚甫书》）

方东树讲的，又有新的说法，就是在诵读时要“沉潜反复”，即在熟读时要深入作者的思想感情中。这种深入，要经过反复多次，越入越深，所以被称为“讽玩”，是反复探求的意思。这样，使朗诵的语气与作者用文辞来表达情意时的语气相通。作者在用文辞来表达情意时，在运思置辞、迎距措置上跟语气有关，即在表达情思时，结合情思的变化，语气有抑扬长短、沉郁顿挫等不同。读时体会到作者通过不同语气来表达的情思，即使读时的语气与作者表达语气的情思相通。就这点说，张裕钊讲得更全面。他根据韩愈讲的“气盛则言之短长与声之高下皆宜”，在诵读时，通过文辞音节的短长高下来体会作者的气，从而体会到作者的命意遣词和作法。到自己写作时，已经掌握了古人气盛言宜的方法，就可以以情意为主，根据不同的情意使言之短长与声之高下跟情意相称，达到“运思置辞、迎距措置”都恰当，“词之丰杀厚薄缓急，与情事相称”，使写作得以成功。这样，“因声求气”，从朗诵进到写作了。

四

古文的艺术性

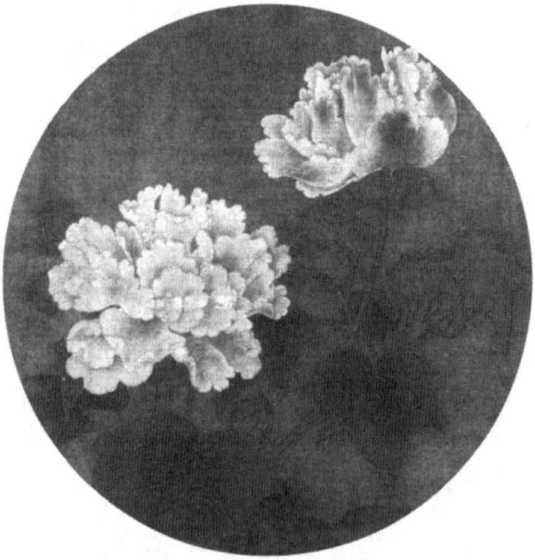

南宋　李迪　红白芙蓉图

刘勰在《文心雕龙·知音》篇里谈到“观文者披文以入情”，姚鼐在《惜抱轩尺牍·与石甫侄孙》里称“读古文务要从声音证入”，这里提到“入”字是要进入作者的思想感情，使人想到演员的进入角色。演员演戏时，有时候有相当长的一篇台词，需要演员熟读背诵。要是演员在读台词时死记硬背，认为是苦事，那他表演时，只把死记硬背的内容背出来，把表演变成背书，一定演不好。他读台词时，一定要体会到角色的思想感情，一定要“披文以入情”；他在念台词时，不是死记硬背，是在通过台词表达出角色的思想感情来，要能进入角色。到演出时，他才能进入角色，把台词化为角色表达思想感情的语言，引起观众的共鸣来感动观众，他也感到艺术的创造。这就是说桐城派讲“因声求气”是在探讨古文的艺术性。桐城派讲的古文，不指一般的应用文，是指具有艺术性的散文，通过“因声求气”来体味古文的艺术趣味。

桐城派刘大櫆在《论文偶记》里关于这方面作了阐发：

> 行文之道，神为主，气辅之。曹子桓（丕）、苏子由（辙）论文，以气为主，是矣。然气随神转，神浑则气灏，神远则气逸，神伟则气高，神变则气奇，神深则气静，故神为气之主。至专以理为主，则未尽其妙。盖人不穷理读书，则出词鄙俗空疏；人无经济（经世济用），则其言虽累牍，不适于用。故义理、书卷、经济者，行文之实，若行文自另是一事。

这里讲到“义理、书卷、经济”，即《文心雕龙·神思》篇里讲的“积学以储宝，酌理以富才，研阅以穷照”，即学问、理论、阅历。义理指理论，书卷指学问，经济指阅历跟经世济用的学识。三者构成写作的内容，但刘大櫆认为这三者只是行文之材料；神气音节才是行文之能事，要研究行文之能事，就要探索古文的艺术性了。又说：

> 文章最要气盛，然无神以主之，则气无所附，荡乎不知其所归也……神气者，文之最精处也；音节者，文之稍粗处也；字句者，文之最粗处也。然予谓论文而至于字句，则文之能事尽矣。盖音节者，神气之迹也；字句者，音节之规也。神气不可见，于音节见之；音节无可准，于字句准之。

这里讲的“文章最要气盛”，就是本于韩愈《答李翊书》里说的“气盛则言之短长与声之高下者皆宜”。这个“气”里含有作者要表达的思想感情，气盛则这种思想感情郁积着非说不可，用旺盛的气势说出来。由于感情的起伏波动，激动时使声音提高，话语急迫，平稳时声音稍平，这就有言之短长与声之高下了，这些分别都跟着感情的起伏波动而自然形成，所以都是合宜的。在这个“气”里密切结合着作者的思想感情，从这里显示作者的神情，就是“气”之精处，这就是神。这个“气”相当于文章的气势，读时把文章的气势读出来。这个“神”相当于作者在文辞里所表达的神气，读时把这种神气读出来，好比演员在台上表演，他说的台词，把角色的思想感情表达出来，同时把角色的神气表达出来，这就是艺术。

他又指出“气随神转”，如演员在台上表演，要把角色的神情表达出来，角色说的话，有抑扬长短快慢等的不同，这一切都是跟着表演角色的神情来的。角色说的话有抑扬长短快慢等，这是气，这一切跟着角色的神情转，这就是“气随神转”。对“气随神转”的具体说明，见于下面他讲各种不同风格的阐说，这正说明他讲的神跟风格有关。

那么怎样去求得神气呢？他想出通过音节来求神气，通过字句的诵读来求得音节，这样就有着手处了。因此又说：

> 音节高则神气必高，音节下则神气必下，故音节为神气之迹。一句之中，或多一字，或少一字，一字之中，或用平声，或用仄声；同一平字、仄字，或用阴平、阳平、上声、去声、入声，则音节迥异，故字句为音节之矩。积字成句，积句成章，积章成篇。合而读之，音节见矣；歌而咏之，神气出矣。近人论文，不知有所谓音节者，至语以字句，必笑以为末事，此论似高实谬，作文若字句安

顿不妙，岂复有文字乎！

……

凡行文字句短长，抑扬高下，无一定之律，而有一定之妙，可以意会，不可以言传。学者求神气而得之音节，求音节而得之字句，思过半矣。其要只在读古人文字时，设以此身代古人说话，一吞一吐，皆由彼而不由我。烂熟后，我之神气即古人之〔神气，古人之〕音节都在我喉吻间，合我喉吻者，便是与古人神气音节相似处，〔久之〕自然铿锵发金石〔声〕。

这里讲到一句中多一字或少一字，一句中用平声或仄声字，则音节迥异，主要当指近体诗说，因为近体诗一句中的字数和平仄都有限制。这里讲到字分阴、阳、上、去、入，当指歌辞说，歌辞配音乐，讲究得更细了。在古文中，“气盛则言之短长与声之高下皆宜”，那么“言之短长与声之高下”都要跟气盛相配合。这里讲到“其要只在读古人文字时，设以此身代古人说话，一吞一吐，皆由彼而不由我。烂熟后，我之神气即古人之神气，古人之音节都在我喉吻间，合我喉吻者，便是与古人神气音节相似处”。正如上面说的，演员在台上表演时的发言，即代角色说话，一吞一吐，皆由角色而不由我，我之神气即角色之神气，角色的音节都在我喉吻间，合我喉吻者便是与角色音节相似处，这是演员进入角色表演的艺术。姚鼐《复鲁絜非书》:“其于人也，漻乎（状静）其如叹，邈乎（状远）其如有思，暖乎（状温和）其如喜，愀乎（状凄怆）其如悲。观其文，讽其音，则为文者之性情形状举以殊焉。”通过因声求气，体会到作者的情思和神气，体会到“为文者之性情形状举以殊焉”，就进入艺术享受。

不过古文的创作与演员的艺术表演还有不同，演员的艺术表现在进入角色，进入角色即创造角色，即是创造。古文的“设以此身代古人说话”，成了模仿古人说话，怎么成为创作呢？这正如孩子学话，方言区的孩子，只会讲方言，不会讲普通话。把方言区的孩子送到北京上学，他开始时学北方话，记熟了北方话的发音、字汇、句法，一吞一吐皆由北方话而不由他从方言区带来的谈吐，这样便学会了北方话。然后他用北方话来讲话，讲的还是自己的话，还是表达了自己的思想感情的话。刘大櫆讲的也是这样，他讲的“设以此身代古人说话”，即指读古文说，读传诵的古文要“一吞一吐，皆由彼而不由我。烂熟后，我之神气即古人之神气”，即通过诵读来得到“古人之神气”；“神气者，文之最精处也”，得到“古人之神气”，即得到古人为文的最精处，即得到古人为文的“词之丰杀厚薄缓急与情事相称”。得到了这种为文之最精处，自己为文时也学到使“词之丰杀厚薄缓急与情事相称”，而所写的情事或思想感情还是我的，是创造而不是模仿。好比方言区的孩子，已经学会了用纯正普通话说话，说的还是自己的话，不是鹦鹉学舌。

这正如姚莹讲的学习古人文章妙处的“沉郁顿挫”：

> 古人文章妙处，全是沉、郁、顿、挫四字。沉者，如物落水，必须到底，方着痛痒，此沉之妙也，否则仍是一浮字。郁者，如物蟠结胸中，展转萦遏，不能宣畅；又如忧深念切，而进退维艰，左右窒碍，塞厄不通，已是无可如何，又不能自已。于是一言数转，一意数回，此郁之妙也，否则仍是一率字。顿者，如物流行无滞，极其爽快，忽然停住不行，使人心神驰向，如望如疑，如有丧失，如

有怨慕，此顿之妙也，否则仍是一直字。挫者，如锯解木，虽是一来一往，而齿凿巉巉，数百森列，每一往来，其数百齿必一一历过，是一来凡数百来，一往凡数百往也；又如歌者，一字故曼其声，高下低徊，抑扬百转，此挫之妙也，否则仍是一平字。文章能去其浮、率、平、直之病，而有沉、郁、顿、挫之妙，然后可以不朽。（《康輶纪行》）

这里讲古人文章妙处的沉郁顿挫，当缓读来体会作者的神气。到写作时，一定要有如上面所说的沉郁顿挫的思想感情，才能写出沉郁顿挫的文章来，因此这样的文章还是作者自己的，不是从古文模仿得来的。

这样写出来的文章是创作，不是模仿，因此刘大櫆《论文偶记》里又说：

文贵奇，所谓"珍爱者必非常物"。然有奇在字句者，有奇在意思者，有奇在笔者，有奇在丘壑者，有奇在气者，有奇在神者，字句之奇，不足为奇；气奇，则真奇矣。读古人文，于起灭转接之间，觉有不可测识处，便是奇气。文贵高，穷理则识高，立志则骨高，好古则调高。文贵大，道理博大，气脉洪大，丘壑远大，丘壑中必峰峦高大，波澜阔大，乃可谓之远大。文贵远，远必含蓄，或句上有句，或句下有句，或句中有句，或句外有句。说出者少，不说出者多，乃可谓远。文贵简，凡文，笔老则简，意真则简，辞切则简，理当则简，味淡则简。气蕴则简，品贵则简，神远而含藏不尽则简，故简为文章尽境。文贵疏，凡文力大则疏。宋画密，元画疏；颜、柳字密，钟、王字疏；孟坚文密，子长文疏。凡文力大则疏，气疏则纵，密则拘；神疏则逸，密则劳。疏则生，密则死。文贵变……一集之中篇篇变，一篇之中段段变，一段之中句句变，神变、气变、音变、节变、句变、字变，唯昌黎能之。文贵瘦，须从瘦出，而不宜以瘦名。盖文至瘦则笔能屈曲尽意，而言无不达……文贵华，华正与朴相表里，以其华美，故可贵重，所恶于华者，恐其近俗耳；所取于朴者，谓其不著粉饰耳。昔人谓："不著粉饰而清真刻削者，梅圣俞之诗也；不著粉饰而精彩浓丽，自《左传》《庄子》《史记》而外，其妙不传"……行文最贵品藻，无品藻不成文字。如曰浑，曰浩，曰雄，曰奇，曰顿挫，曰跌宕之类，不可胜数。然有神上事，有气上事，有体上事，有色上事，有声上事，有味上事，有识上事，有情上事，有才上事，有格上事，有境上事，须辨之甚明。文章品藻最贵者，曰雄，曰逸。欧阳子逸而未雄；昌黎雄处多，逸处少；太史公雄过昌黎，而逸处更多于雄处，所以为至。

这一大段是刘大櫆从字句到音节、从音节到神气，对古文所做的艺术探讨。比方他讲的“奇”，《文心雕龙·辨骚》里赞美《离骚》，就称：“奇文郁起，其《离骚》哉！”又称学习《离骚》，要“酌奇而不失其贞（正）”，注意学它的奇。又在《体性》篇里以“奇”为一种风格。再像“远”，《文心雕龙·隐秀》篇里讲道“隐也者，文外之重旨者也”。“夫隐之为体，义生文外”，即有言外之音，回甘之味。又《体性》篇里以“远奥”为一种风格。再像“简”，《文心雕龙·征圣》篇里讲：“故《春秋》一字以褒贬，丧服举轻以包重，此简言以达旨也。”又《体性》篇里讲“精约者，核字省句，剖析毫厘者也”，即讲“简”，以为一种风格。再像“疏”

“密”“瘦”，陆机《文赋》里谈到“言穷者无（唯）隘，论达者唯旷”。“隘”跟“旷”相对，“旷”与“疏”相近，则“隘”与“密”或“瘦”相近，也指风格说的。讲到“变”，萧子显《南齐书·文学传论》称“属文之道，事出神思，感召无象，变化不穷”，又称“在乎文章，弥患凡旧，若无新变，不能代雄”。讲到“华”“朴”，《文心雕龙·情采》篇讲到有两种文采：“夫铅黛所以饰容，而盼倩生于淑姿。”铅粉黛石用来化妆，经过化妆的美是有外饰的一种。“巧笑倩兮，美目盼兮”，是天生姿质的美，一笑一盼极为动人，这是不加外饰的自然的美。即这里讲的“不著粉饰，而精彩浓丽”。这里讲的“雄”和“逸”，即姚鼐《复鲁絜非书》里讲的阳刚和阴柔之美。以上讲的，都属于艺术技巧或风格上的事，正说明他对古文艺术性的探索。

这里又讲到神、体、色、声、味、识、情、才、格、境，结合他讲的神气，也都属于对古文艺术的探索，后来姚鼐在《古文辞类纂》序目里概括为：“神、理、气、味、格、律、声、色。神、理、气，味者，文之精也；格、律、声、色者，文之粗也。然苟舍其粗，则精者亦胡以寓焉？学者之于古人，必始而遇其粗，中而遇其精，终则御其精者而遗其粗者。文士之效法古人，莫善于退之，尽变古人之形貌，虽有摹拟，不可得而寻其迹也。”这里讲的摹拟，就像刘大櫆讲的，“昌黎雄处多，逸处少；太史公雄过昌黎，而逸处更多于雄处”。即司马迁的《史记》“逸处多于雄处”，韩愈学《史记》，“雄处多，逸处少”。学的是风格，不是文字上的摹仿，所以韩愈的散文还是创作，所以“虽有摹拟，不可得而寻其迹也”。

五

六观

宋　佚名　桃花山鸟图

桐城派讲的“因声求气”，是通过朗诵古文，从音节的抑扬顿挫里体会作者的辞气，体会作者的思想感情，好比听戏时，从演员台词的抑扬顿挫中，体会角色的思想感情。六观是进一步对古文所做的分析。刘勰《文心雕龙·知音》篇说：“是以将阅文情，先标六观：一观位体，二观置辞，三观通变，四观奇正，五观事义，六观宫商。斯术既形，则优劣见矣。”因声求气，是通过朗诵来体会作者的情思，是“阅文情”；这里讲六观，也是“阅文情”。前者是从音节的抑扬顿挫中去体会，这里是从各种分析中去体会。

范文澜《文心雕龙注》里对六观解释道：“一观位体，《体性》等篇论之。二观置辞，《丽辞》等篇论之。三观通变，《通变》等篇论之。四观奇正，《定势》等篇论之。五观事义，《事类》等篇论之。六观宫商，《声律》等篇论之。大较如此，其细条当参伍错综以求之。”

按照范注，第一就要看体性，体性即风格，先看风格有困难。先要把文章看懂以后，再来体会它的风格。那么刘勰为什么要“一观位体”呢？原来刘勰的创作论，讲剖情析采。他认为剖情析采的根本是《神思》《体性》《风骨》《通变》《定势》，《神思》讲创作构思，读文章当然不能先讲它的创作构思，所以不提《神思》，但还以其他四篇为主，所以“一观位体”，指风格，即包括《体性》《风骨》；三观通变，指《通变》；四观奇正，指《定势》，这样安排，即按照剖情析采的根本来谈。我们就学习古文说，是不是可把六观的次序改一下，先从词句入手，做到：一观词句，即《练字》及《章句》中论句部分。二观宫商，宫商即指词句的音节。三观置辞，《丽辞》即属于修辞格中的对偶，《事类》即属于修辞格中的引用，《比兴》中的“比”即属于修辞格中的比喻，《夸饰》即属于修辞格中的夸张，《隐秀》中的“隐”即属于修辞格中的婉曲，“秀”即属于修辞格中的精警。这样，就把《文心雕龙》中论修辞格部分的各篇包括进去了。四观篇章，指谋篇命意和章节，即《章句》《附会》《神思》。五观体性，即《定势》《体性》《风骨》。六观通变，即《通变》。这样的六观，即由浅入深，由词句到章节，到命意谋篇到风格，最后到通变，即观察历代文章的变化。这样，把《文心雕龙》的创作论作了更多的概括。下面即举几个例子来做说明。

一　观词句

子路问事君。子曰："勿欺也，而犯之。"（《论语·宪问》）译：子路问怎样去对待人君。孔子道："不要〔阳奉阴违地〕去欺骗他，却可以〔当面〕触犯他。"（杨伯峻《论语译注》）

子曰："君子和而不同，小人同而不和。"（《论语·子路》）译：孔子说："君子用自己的正确意见来纠正别人的错误意见，使一切都做到恰到好处，却不肯盲从附和。小人只是盲从附和，却不肯表示自己的不同意见。"（杨伯峻《论语译注》）

试观词句。先看"事君"的"君"，《辞源》："君，古代各级统治者。"对于各级统治者，一般人民都可以接触到，都有对待他的问题。再看"勿欺"的"欺"，这里译作"阳奉阴违"是一方面，还有报喜不报忧也是欺。

再有“犯之”的“犯”，朱熹集注：“谓犯颜谏争。”这样一观词句，照孔子的话，对于各级统治者，既不要阳奉阴违地去欺骗他，也不要报喜不报忧去欺骗他，要当面向他提意见。提什么意见呢？孔子认为“和而不同”。什么叫“和”，上面“立体的懂”里指出：“君所谓可，而有否焉，臣献其否，以成其可；君所谓否，而有可焉。臣献其可，以去其否。”

在观词句里，要了解各个词的意义，像要了解“和”字的意义，就牵涉到《左传》中晏子讲“和”的话，这属于引事引言的《事类》篇讲的，即属于辞格中的引用格。“君子和而不同，小人同而不和”，就成了对偶，属于辞格中的对偶格。“和”与“同”是引用，含义丰富，又属于辞格中讲含蓄的婉曲格。这两句对偶，成为警句，属于辞格中的精警格。这个精警表现在什么地方呢？看译文，把“和”译成“用自己正确意见来纠正别人的错误意见，使一切都做到恰到好处，却不肯盲从附和”。把“同”释作“盲从附和，却不肯表示自己的不同意见”。这个译文正确地表达了孔子的原意，是译得很好的。孔子生在春秋时代，却能提出这样的意见，认为臣民应该这样来对待各级统治者。这不是孔子自己的独创，是根据晏子的意见来的。从这个意见里，可见我国古代就有这种属于民主性精华的议论。晏子和孔子认为对待各级统治者都应该这样。只有这样，才能纠正各级统治者的错误意见，使一切都做到恰到好处，对国家和人民都有利。这就接触到“四观篇章”，即命意谋篇，它的命意具有民主性的精华。以上主要是讲“一观字句”，从字句里附带提到辞格和篇章。

二　观宫商

观宫商，即指“声律”说。“声律”可以从骈文中看到，因此这里引骈文作例。吴均《与顾章书》：

> 仆去月谢病，还觅薜萝。梅溪之西，有石门山者。森壁争霞，孤峰限日。幽岫含云，深溪蓄翠。蝉吟鹤唳，水响猿啼。英英相杂，绵绵成韵。既素重幽居，遂葺宇其上。幸富菊花，偏饶竹实。山谷所资，于斯已办。仁智所乐，岂徒语哉？

这篇是六朝时梁朝吴均写的骈文。在观宫商前，首先观词句。如，“梅溪”在故鄣县（在今浙江安吉西北）东三十里。“石门山”在梅溪上，山有大石高百余丈称石门。又“英英”，云起貌，见《诗经·小雅·白华》：“英英白云。”又“仁智所乐”，本于《论语·雍也》篇：“知（同“智”）者乐水，仁者乐山。”弄清了词句，再来观宫商。宫商指音节的调配，即后来的平仄。一句四字，分为两个音步，要平音步和仄音步互相调配。如两句相对的，作“仄仄——平平，平平——仄仄”，即上句两个音步，一个仄音步“仄仄”，与一个平音步“平平”；下句与上句相反，成为一个平音步与一个仄音步，倘四句相对，即上联两句，下联两句，如“平平仄仄，仄仄平平；仄仄平平，平平仄仄”。即上联两句的上句是仄音步、平音步，下句跟它相反；下联两句的音步跟上联两句的音步相反。平音步和仄音步，以第二字为准，如平平、仄平都是平音步，仄仄、平仄都是仄音步。这篇里对句音步的平仄如下：

森壁 ——争霞 孤峰 ——限日 幽岫 ——
平仄　　平平，平平　　仄仄。平仄

含云 深溪 ——蓄翠 蝉吟 ——鹤唳 水响 ——
平平，平平　　仄仄。平平　　仄仄，仄仄

猿啼　英英____相杂　绵绵____成韵
平平。平平　　平仄，平平　　平仄。

这里一共四联，每联两句。就音步说，第一联是一仄一平，对一平一仄。第二联承接第一联，第一联末一个是仄音步，故第二联第一个也是仄音步，成为一仄一平，一平一仄。第三联承第二联，第二联末一个是仄音步，第三联当以仄音步起，这里却用平音步起，成一平一仄，一仄一平。第三联末一个平音步，第四联承接第三联，以平音步起，成一平一仄，一平一仄。这里说明南北朝时代的骈文讲究平仄还不很严格，所以第三联用平音步起，没有承接第二联末一个仄音步。第四联下句的音步，与上句相同。

上引一联两句，每句四字，太简单了。再引王勃《滕王阁序》几联来看：

虹销____雨霁　彩彻____云衢　落霞____
平平　　仄仄，仄仄　　平平。仄平

与孤鹜____齐飞　秋水____共长天____一色
仄平仄　　平平，平仄　　仄平平　　仄仄。

渔舟____唱晚　响穷____彭蠡____之滨　雁阵____
平平　　仄仄，仄平　　平仄　　平平。仄仄

惊寒　声断____衡阳____之浦
平平，平仄　　平平　　平仄。

这里一共三联，第一联两句，每句四字，就音步的平仄看，一平一仄，一仄一平相对。第二联两句，每句七字，就音步看，一平一仄一平，一仄一平一仄相对。第三联四句，两句对两句，就音步看，一平一仄，一平一仄一平；一仄一平，一仄一平一仄。上联两句音步的平仄，跟下联两句音步的平仄相反。再看上联两句，第一句“一平一仄”，第二句“一平一仄一平”，第一句作“一平一仄”，第二句前两个音步为什么也作“一平一仄”呢？因为第二句倘作“一仄一平一仄”，末一个音步是“一仄”，与第一句末一句音步“一仄”相同，作为上联，两句末一个音步避免相同，所以第二句只有作“一平一仄一平”。这里三联，不再限于四字一句、两句一联了。

三　观置辞

再看吴均《与顾章书》，就对偶说，有四对，属于对偶格。此外如开头四句不对，全篇是骈散结合的。《文心雕龙·丽辞》篇讲到四对，即言对、事对、正对、反对。这里的对句都是写景，该是景对。反对是上下联一正一反，这里没有一反，都是正对。再像“英英”引自《诗经》，“仁智所乐”引自《论语》，是修辞的引用格。再看王勃的名句“落霞与孤鹜齐飞，秋水共长天一色”，是摹仿庾信《华林园马射赋》“落花与芝盖齐飞，杨柳共春旗一色”，是修辞上的仿拟格。不过王勃这两句写景阔大，胜过庾信两句，虽然摹仿，却更有名。

四　观篇章

观篇章，在观词句里引的《论语》，是散文，是按照命意用语言来表达，跟说话近似，不求对偶，但也不避对偶。像上引《论语》“子路问事君”是散文，又“君子和而不同”两句是对偶。从命意说都是宣扬民主精神的。再看吴均《与顾章书》是骈文既以对偶句为主，也夹杂一些散文句。就命意说，是赞美山川之美的，也表达了对幽居的爱好。写的不是静态美，是从静中见动。如“森壁争霞”，森严的许多崖壁争夺霞光，实际上是霞光照在崖壁上，由于照射的角度不同，呈现各种色彩，正像鲍照《登大雷岸与妹书》说的：“从岭而上，气尽金光，半山以下，纯为黛色。”（《六朝文絜》

卷七）在霞光直照处呈金色，霞光照不到处呈黛色，霞光斜照处当是又一种色调。这里用“争霞”，把崖壁拟人化了。“孤峰限日”，好像在限制日光照射，也拟人化了。“幽岫含云”，深谷里都是云，使人想象山谷中的云海。“深溪蓄翠”，见得溪深水碧。再加上各种声音构成音韵。归结到“仁智所乐”，即仁者乐山，智者乐水，把热爱山水跟仁智结合，这就是本篇的命意所在。再看这里引王勃的对偶句，是写景的，写景物的美好。“虹销雨霁，彩彻云衢”，写景有动态，有色彩。“落霞”两句是写所见。“渔舟”两句是写所闻。在“雁阵惊寒”两句里有感情，听见雁叫，引起惊寒的感情，当和秋天有关。

五　观体性

观体性，即观定势和风格。先看定势，《文心雕龙·定势》：“势者，乘利而为制也。如机发矢直，涧曲湍回，自然之趣也。圆者规体，其势也自转；方者矩形，其势也自安，文章体势，如斯而已。”如河床陡，水流急，河床坦，水流缓；圆形物容易滚动，方形物比较稳定，这就是定势。如上引“子路问事君”章，按照语言的自然来写，说明散文的体势比较自然。再像上引吴均的骈文，把“森壁”跟“孤峰”并列起来说，把“幽岫”跟“深溪”并列起来说，把“蝉吟鹤唳”跟“水响猿啼”并列起来说，这样写，是把看到的、听到的分别排列起来说，这是人工的安排，不像有的游记，先看到什么就先写什么，按看到的、听到的先后来写，像柳宗元的“永州八记”。后者的写法是乘着自然来写的，前者是按照看到的、听到的加以人工的组合来写的。这两者的体势就不同了。再像王勃的几联，从看到的景物说，应说先是雨停了，才有彩虹，不是彩虹消散了雨才停。鹜指野鸭，是向上飞的。霞指彩霞，彩霞布满高空，从高空到低空，是不会飞，说飞是比喻。这里不是按照看到的先后来写，作“雨霁虹销”，却作“虹销雨霁”，这是适应上下联平仄调配的需要。这里说“雁阵惊寒，声断衡阳之浦”，王勃在南昌，离衡阳极远，提到衡阳，只是用典和想象。这样，他把看到听到的景物，另作安排，加上想象，是适应音节和对偶的需要来写的，这是一种定势。柳宗元写山水记，按照先看到什么先写什么，是顺着自然之势。吴均、王勃写景物，是就看到、听到的另作安排的势，这是两种不同的定势。再就风格看，“子路问事君”的风格是朴素而精练的，吴均、王勃的文辞，风格是清丽的。

六　观通变

观通变，通观历代文章的变化。上面引梁朝人吴均描写的山水，概括山水美的特点来写，写森壁、孤峰和幽岫、深溪，写蝉吟、鹤唳、水响、猿啼，写菊花和竹实。再像著名的吴均《与宋元思书》，写“夹岸高山，皆生寒树，负势竞上，互相轩邈，争高直指，千百成峰。泉水激石，泠泠作响；好鸟相鸣，嘤嘤成韵。蝉则千转不穷，猿则百叫无绝”。也在写山的争高、泉的作响，写鸟鸣蝉叫猿啼。虽辞句不同，总是概括地写那里的山水景物。这种写法，在唐朝柳宗元笔下的“永州八记”里，就全变了。他不是概括地写，而是具体地写。如《小石潭记》写潭水游鱼，作：

> 潭中鱼可百许头，皆若空游无所依。日光下彻，影布石上，佁然不动，俶尔远逝，往来翕忽，

似与游者相乐。

再观词句：佁，呆呆地。俶，开始。翕忽，迅疾貌。这里写潭水游鱼，写明鱼约百把条，像在空中浮游，不写水，却写出水的清澄。日光照下来，鱼影分布在石上，再写水的清澄，写出鱼影画来。写鱼，一会儿呆呆不动；一会儿开始游向远处，很快地回来，好像和游人相互为乐。再观宫商，这是散文，不用骈文，不讲平仄，与吴均一篇不同。观辞格，文中“皆若空游无所依”，“若空游”即属修辞中的比喻格。又“佁然不动”，“佁然”，呆呆地，即修辞中的摹状格。“似与游者相乐”，本于《庄子·秋水》篇：“庄子曰：‘鲦鱼出游从容，是鱼之乐也。’”这里讲鱼乐，本于庄子，是修辞的引用格，属于引用中的暗用。四观篇章，这篇的命意谋篇，表现在后面的一段里：

坐潭上，四面竹树环合，寂寥无人，凄神寒骨，悄怆幽邃。以其境过清，不可久居，乃记之而去。

明　仇英　南华秋水图

这里写那里过于静寂，这种静寂一直侵入灵魂，使人感到幽深悲凉，不宜久留。在这里，实际是反映他贬官到永州时的凄苦心情。在永州，离开了朝廷，离开了一起参与政治革新运动的友人，感到了幽邃悲凉，借景物来表现这种悲凉的心境，这是他写山水记的情绪，这是四观篇章，是他的命意谋篇。这篇《小石潭记》，结合对潭水游鱼的细致描绘，写得生动美好。先看到什么先写什么，看到鱼的活动就写出鱼的活动来，按照景物的自然来写，写得合乎自然，这是定势。它的风格是清丽而凄冷，跟上引吴均的记山水又有些不同了。

再看宋朝范仲淹的《岳阳楼记》，写法既不同于梁代吴均的写山水，也不同于唐代柳宗元的山水记。吴均的写山水，是概括地写山水景物之美，用骈文，反映"仁智所乐"的心情。柳宗元的山水记，是具体地描绘景物，用散文，反映贬官后的凄苦心情。范仲淹的《岳阳楼记》，主要是写"迁客骚人，多会于此，览物之情，得无异乎"，写别人登楼观景所引起的不同感情，跟吴均、柳宗元写自己的感受不同。范仲淹通过别人览物之情的或忧或喜，引出"古仁人之心，或异二者之为"，即"不以物喜，不以已悲"，归结到"先天下之忧而忧，后天下之乐而乐欤”，那就比吴均的“以物喜”、柳宗元的“以己悲”高了，是忧民忧国，要在国泰民安以后才谈得上自己的乐，这种高尚的胸襟，在命意谋篇上远远超出吴均、柳宗元了。

再看写法，范仲淹、吴均是概括地写山水之美，柳宗元是具体地写山水之美。范仲淹概括那里的景物，作“予观夫巴陵胜状，在洞庭一湖。衔远山，吞长江，浩浩汤汤，横无际涯。朝晖夕阴，气象万千。此则岳阳楼之大观也，前人之述备矣”。他概括那里的景物，有湖、有山、有朝晖夕阴的变化，但用一笔带过，说“前人之述备矣”，“我”可以不讲了。这就跟吴均概括地写山怎样美、水怎样美、景物怎样美不同了。他也具体地描绘景物，像“若夫淫雨霏霏，连月不开。阴风怒号，浊浪排空。日星隐曜，山岳潜形”；又像“至若春和景明，波澜不惊，上下天光，一碧万顷。沙鸥翔集，锦鳞游泳。岸芷汀兰，郁郁青青。而或长烟一空，皓月千里，浮光跃金，静影沉璧”。类似这样的描写，比吴均的写景要细致，跟柳宗元的写景又不同：柳是具体地描绘他所见的景物。这里是描绘景物的变化，在风雨交加时的景物是怎样的、在春和景明时的景物是怎样的。春和景明时白天是怎样的、月下又是怎样的。

再看文体，吴均是骈文，讲对偶，讲宫商。柳宗元是散文，不讲对偶，不讲宫商。范仲淹这篇是骈散结合。从开头的“庆历四年春”到“前人之述备矣”，是散文，中间只有“衔远山，吞长江”是对偶，但不讲宫商，即是平——仄平，平——平平”，都是两个平音步，不是一平一仄，不合宫商的调配。在描写景物时，又不避对偶，像“阴风怒号，浊浪排空。日星隐曜，山岳潜形”，像“沙鸥翔集，锦鳞游泳”，“长烟一空，皓月千里，浮光跃金，静影沉璧”，这些句子都是对偶。其中像“日星”两句、“长烟”两句、“浮光”两句，既是对偶，又符合平仄的调配。这样写，引起当时古文家尹洙的不满，批评《岳阳楼记》是“唐传奇体”。唐人传奇描写景物多用对偶，古文家反对用对偶，所以提出批评。我们认为叙事说理当用散文，描写景物时不妨用骈文，骈散结合是可以的。

这样看来，梁代吴均的写法是一种，唐代柳宗元的写法是另一种，宋代范仲淹的写法是又一种，从词句到辞格到命意谋篇都不同，这就属于观通变了。观通变，从不同朝代来看就看得更明白了。刘勰在《通变》

里讲："是以九代咏歌，志合文则。"他是从九代创作的变化来看的，指出这种通变是合乎创作规律的，这也说明创作要求创新。唐朝人不愿跟着六朝人走，柳宗元在山水记上有创新。宋朝人不愿跟着唐朝人走，在山水记上也有创新，有创新才能成就历代传诵的名篇。这样看来，六观的范围比较广，一直观察到历代创作的变化。

就通变说，刘勰在《文心雕龙·通变》篇里讲："通变无方，数必酌于新声。"可见通变是以变化的新声为主。但刘勰也讲，"变则可久，通则不乏"。除变以外，还有通。以上只讲变，不讲通，在这里还得补讲通。如柳宗元的《小石潭记》，变吴均的写山水，这是变，那又有什么通呢？钱锺书先生《管锥编》引《水经注·洧水》，"绿水平潭，清洁澄深，俯视游鱼，类若乘空矣"。这个"游鱼""乘空"的写法，跟"空游"一致，可见柳宗元的写法，虽不同于吴均，但还是跟六朝《水经注》的写法相通的。再像范仲淹的写法，陈师道《后山诗话》引尹洙批评为"传奇体"，说他写景用骈体，这也说明他的写法有与六朝和唐朝骈文相通的地方。至于他的忧民忧君之心，也与前人的忠君爱民相通。不过他们的成功处还在于变。柳宗元写的空游，写的鱼影画，还是跟“乘空”有所不同。范仲淹的写景，是创造，他的“先天下之忧而忧，后天下之乐而乐”，也是创造，所以通变还是以新变为主。

再说，不仅历代的文章讲通变，就是一代的文章也讲通变。如宋朝的文章，范仲淹的《岳阳楼记》写出“先天下之忧而忧，后天下之乐而乐”的抱负，这是新的写法；用骈语写景物，这是继承六朝和唐朝的骈文写法。再看欧阳修的《醉翁亭记》，他没有写自己的抱负，跟范仲淹的写法不同。他在庆历四年（1044）作《朋党论》，被认为是范仲淹的同党，次年被贬为滁州知州。但他写的《醉翁亭记》，跟上引的柳宗元的《小石潭记》的写法也不同。《小石潭记》写出在小石潭那里的“凄神寒骨，悄怆幽邃”，来透露他贬官永州时的凄苦心情。《醉翁亭记》只写乐，没有写他贬官滁州的痛苦心情。但他对于因范仲淹主张革新失败而被贬官的情绪，还是隐约地透露出了的。他在庆历六年（1046）写这篇记时，只有虚年龄四十岁，却自称“醉翁”，又说：“醉翁之意不在酒，在乎山水之间也。山水之乐，得之心而寓之酒也。”既然意不在酒，为什么称“醉翁”；既然意“在山水之间”，为什么又说：“山水之乐，得之心而寓之酒也。”心乐山水，就可尽量欣赏山水之美，为什么要“寓之酒”呢？“饮少辄醉”，一醉就无法欣赏山水之美了。这里隐约透露出对贬官的不满。“醉翁之意不在酒”，在借酒消愁，所以“饮少辄醉”，一醉就可以消愁。“山水之乐”也不过用来排解，但还不能排解，所以要“寓之酒”了，还得靠酒来消愁。自己未老而称翁，表达自己被朝廷贬斥，似已老而无可大用，也有不满之意。这样，他在文中所表达的心情是非常隐约的，在文中所写的，只是“山水之乐”，“人知从太守游而乐，而不知太守之乐其乐也”。这样写，既不同于柳宗元的结合景物来写凄苦心情，也不同于范仲淹的写抱负，还不同于吴均的欣赏山川之美，这是新变。

再就写景说，《醉翁亭记》作：

> 若夫日出而林霏开，云归而岩穴暝，晦明变化者，山间之朝暮也。野芳发而幽香，佳木秀而繁阴，风霜高洁，水落而石出者，山间之四时也。

这几句写山间朝暮和四时景物的变化，“日出”两句是对偶，“野芳”两句也是对偶，这是不避对偶。“野芳”

两句，一句写春景，一句写夏景，是对偶的。但“风霜高洁”写秋景，“水落而石出”，写冬景，又避免对偶；倘作“风高霜洁”，“水落石出”，就对偶了。可见虽不避对偶，还是避免多用对偶，这又通于先秦两汉的古文了。

就通变说，不但一代的散文讲究通变，就是一人的散文也讲究通变。如欧阳修的《丰乐亭记》，写他被贬官到滁州，在州南的山上建亭来欣赏景物之美，用意跟《醉翁亭记》又不同，是结合滁州来赞美宋朝完成统一大业。《丰乐亭记》说：

> 滁于五代干戈之际，用武之地也。昔太祖皇帝，尝以周师破李景兵十五万于清流山下，生擒其将皇甫晖、姚凤于滁东门之外，遂以平滁。……自唐失其政，海内分裂，豪杰并起而争，所在为敌国者，何可胜数。及宋受命，圣人出而四海一。向之凭恃险阻，刬削消磨。百年之间漠然，徒见山高而水清……民生不见外事，而安于畎亩衣食，以乐生送死。而孰知上之功德，休养生息，涵煦百年之深也。

在游记里插上一段议论，赞美宋朝的统一大业，跟《岳阳楼记》简约地指出自己抱负的写法又不同。再像写风景，这篇里作："掇幽芳（春）而荫乔木（夏），风霜冰雪，刻露清秀（秋冬）。"写四季的景物只用两句，避免对偶。倘作："掇幽芳，荫乔木，风霜刻露，冰雪清秀"，就成为两个对句了。这说明在写景上也有变化了。

六

比　较

宋　佚名　海棠蛱蝶图

在《六观》里提到观通变，已有比较的意思。刘勰在《文心雕龙·通变》里说“黄唐淳而质，虞夏质而辨，商周丽而雅”等，即认为黄帝唐尧时代的作品淳厚而质朴，虞舜夏禹时代的作品质朴而明晰，商周时代的作品华丽而典雅，是从各时代的文风来说的。这里讲的比较，是就具体作品来说的，通过比较来辨别作品的高下得失，有利于作出评价。

一　命意同而辞有繁简

陈骙《文则》甲四里就有比较，说：

刘向（《说苑·君道》）载泄冶之言曰：“夫上之化下，犹风靡草（风吹草倒），东风则草靡而西，西风则草靡而东，在风所由（从来），而草为之靡。”此用三十有二言而意方显。及观《论语》（《颜渊》）曰：“君子之德风，小人之德草，草上之风必偃。”此减泄冶之言半，而意亦显。又观《书》（《君陈》）曰：“尔惟风，下民惟草。”此复减《论语》九言而意愈显。吾故曰是简之难者也。

在这里，作者认为越简越好，把三处讲同一个意思的话来作比较，作出越简越好的评论，所以称《君陈》的话越简“而意愈显”。

再看原文，《君陈》是周公死后，周成王命令大臣名君陈的代周公办事，君陈原在周公领导下办事，成王对君陈说：“凡人未见圣，若不克（能）见，既见圣，亦不克由圣（不能从圣人学好）。尔其戒哉尔惟风，下民惟草。”（《尚书》）这里在讲一般人见了圣人，也不能学圣人，是从教化角度说的。从教化说，你是大臣，跟下民的关系，像风跟草。这里的意思即你是大臣，大臣跟圣人不同，大臣有政治权力，所以你对下民，更具有风吹草倒的力量，教化的效果更好。这个意思跟上文讲圣人的话结合起来，君陈一听就明白，所以不用多说。再看《论语·颜渊》：“季康子问政于孔子，曰：‘如杀无道以就有道，何如?’孔子对曰:‘子为政，焉用杀?子欲善而民善矣。君子之德风，小人之德草，草上之风必偃。’”季康子是主张刑杀的，因此对他不能光讲风吹草倒，因为风吹草倒也可以比刑杀，用刑杀也可以使民畏伏，所以孔子不能讲“尔惟风，下民惟草”，一定要点明“君子之德”“小人之德”，即点明德教，不是刑杀，指出在上的德教也可以使在下的民服从。因为情况不同，不得不多说一些。再看《君道》:“陈灵公行僻而言失，泄冶曰:‘陈其亡矣。吾骤谏君，君不吾听，而愈失威仪。夫上之化下，犹风靡草。东风则草靡而西，西风则草靡而东，在风所由，而草为之靡。是故君之动，不可不慎也。’”(《说苑》卷一)泄冶说“吾骤谏君”，“骤”指屡次，他多次进谏，君不听。他用“陈其亡矣”的危言耸听，让陈灵公所亲信的人听到了这种危言去转告灵公，所以要说得特别详尽，点明“上之化下”，不提“君子之德”，因为陈灵公已经谈不上德了。说得这样详，也是情况的需要。这样看来，《文则》认为文章越简越好的看法是不恰当的，文章要适应情况的需要来确定繁简，繁简是属于风格的繁丰和简约，只要用得合适，繁简都好。像以上三例，都表达得合适，都是好的，不能认为越简越好。

钱锺书先生在《管锥编》中写道：

> “其乡人曰：‘肉食者谋之，又何间焉。’”按《说苑·善说》篇记东郭祖朝上书晋献公问国家之计，献公使告之曰：“肉食者已虑之矣，藿食者尚何与焉？”祖朝曰：“肉食者一旦失之于庙堂之上，若臣等之藿食者宁得无肝脑涂地于中原之野欤？”曹刿谓“肉食者鄙，未能远谋”，尚含意未申，得祖朝之对庶无剩义。

钱先生在这里讲的，也是意同而辞有繁简，但跟上一例稍有不同。上例繁简之说，只是因上下文的情境不同而有异，这例的繁简牵涉到有无剩义，只有照繁的说法，才能把意义说得完足。

二　命意同而辞有差异

> 齐侯至自田（打猎），晏子侍于遄台。子犹（梁丘据）驰而造焉，公曰：“唯据与我和夫。”晏

子对曰："据亦同也，焉得为和？"公曰："和与同异乎？"对曰："异。和如羹焉，水火醯醢盐梅（醋、肉酱、盐、梅，调味品），以烹鱼肉，燀（燃烧）之以薪，宰夫和之，齐之以味（使调味恰当），济其不及，以泄其过。君子食之，以平其心。君臣亦然，君所谓可，而有否焉，臣献其否，以成其可。君所谓否，而有可焉，臣献其可，以去其否。是以政平而不干，民无争心。……今据不然，君所谓可，据亦曰可；君所谓否，据亦曰否。若以水济水，谁能食之？若琴瑟之专一，谁能听之？同之不可也如是。"（《左传·昭公二十年》）

（桓）公曰："周其弊乎？"（史伯）对曰："殆于必弊者也。《大誓》曰：'民之所欲，天必从之。'今王（周幽王）……去和而取同。夫和实生物（阴阳和而生物），同则不继，以它平它谓之和（指阴阳相配），故能丰长而物生之。若以同裨同，尽乃弃矣。故先王以土与金木水火，杂以成百物，是以和五味以调口，刚（加强）四支以卫体，和六律以聪耳，……声一无听，物一无文，味一无果，物一不讲，王将弃是类也，而与专同。天夺之明，欲无弊

得乎？”（《国语·郑语》）

这里的两篇都是讲“和”与“同”，讲同一个意思，但写法有同有异。就“同”的方面说，都用烹调来作比。《左传》讲烹调要水火和调味品用得恰当；又用琴瑟来作比，用五音的调配得当来比。《国语》也用“和五味以调口”“和六律以聪耳”来作比，这跟《左传》相同。

更重要的，这两篇里讲的“和”与“同”，用意不在讲烹调五味和调配音乐，这两个不过是比喻，主要的用意在于对君主的不正确意见提请改正，使它改得恰到好处。对这个主要的意见，《左传》里明确提出：“君所谓可，而有否焉，臣献其否，以成其可。君所谓否，而有可焉，臣献其可，以去其否。”这个提法提得明确，把要讲究“和”而反对“同”的理由，也在文中明确讲了。《国语》里只说“择臣取谏工而讲以多物，务和同也”，讲得没有《左传》明白，这是《国语》不如《左传》处。

钱锺书先生《管锥编》也写道：

《淮南子·说山训》：“事固有相待而成者：两

> 人俱溺，不能相拯，一人处陆则可矣。故同不可相治，必待异而后成。”高诱注全本晏子语。晏、史言“和”，犹《乐记》云“礼者，殊事合敬者也，乐者，异之合爱者也”；“殊”“异”而“合”，即“待异而后成”。

这里，对“和”与“同”又提出了新的说法。

钱锺书先生《管锥编》还写道：

> ……《考证》：“《李斯传》记（赵）高之言曰：‘天子所以贵者，但以闻声，群臣莫得见其面，故号曰朕。’”……赵高乃遽以通合于几、兆（预兆）之“朕”，从而推断君人之术。科以名辩之理，此等伎俩即所谓“字根智论”……陈澧《东塾读书记》卷一二谓赵高语本于申、韩之术，秦亡由此；殊中肯綮，尚未周匝……《礼记·礼运》孔子曰“故政者，君之所以藏身也”，郑玄注：“谓辉光于外而形体不见。”《春秋繁露·离合根》论人主“法天之行”：“天高其位而下其施，藏其形而见其光”，《立元神》与《保位权》两篇中语略同。《管子·霸

言》“夫权者，神圣之所资也；独明者，天下之利器也；独断者微密之营垒也”，又《心术》“人主立于阴”；《邓析子·无厚》“为君者，灭影匿形，群下无私”，又《转辞》“明君之御民……故神而不可见，幽而不可见”（按二“见”字之一或为“知”字）；《申子·大体》“故善为主者，倚于愚，立于不盈，设于不敢，藏于无事，窜端匿疏”，“窜端”谓不露端倪，“匿疏”谓必掩疏隙；《鬼谷子·谋篇》“故圣人之道阴，而愚人之道阳……圣人之制道，在隐与匿”，又《摩篇》“主事日成而人不知，主兵日胜而人不畏也；圣人之谋立于阴，故曰神，成之于物，故曰明”。……《关尹子·一宇》“吾道如处暗；夫处明者不见暗中一物，而处暗者能明中区事”，《韩非子》尤三致意焉。《主道》“道在不可见。用在不可知，虚静无事，以暗见疵。……掩其迹，匿其端，下不能原”；《扬权》篇“上因闭内扃，从室视庭”；他如《二柄》篇论人主当“掩其情，匿其端”……盖“主道”在乎“夜行”，深藏密运，使臣莫能测度，乃九流之公言，非阉竖之私说……莎士比亚剧中英王训太子，谓无使臣民轻易瞻仰，见稀，则偶出而众皆惊悚；柏克谈艺，论晦出能起畏怖，亦举君主深居九重为证；波沃尔谓帝王尊威亦颇由于隐秘，故有以日藏云后为纹章示意者。用心异于赵高之蓄心，而命意则同乎赵高之陈意矣……赵高之心阴欲二世“贵而无位，高而无民”，如“亢龙有悔”也，而其言则阳劝二世“天德不可为首”，如“群龙无首吉”尔……乃心固欲二世虽号“皇帝”而实为“皇”不为“帝”（参见《汉书·高帝纪》下“尊太公曰太上皇”句颜师古注）。

钱先生在这里指出，赵高教二世使群臣但闻声而莫见其面，以下引好多书中的各种说法，都是这个意思，即命意相同而各种说法不同。钱先生又指出：“用心异于赵高之蓄心，而命意则同乎赵高之陈意矣。”即这里引的各家各种说法，命意与赵高的说法相同，也即命意同而说法不同。还有一点即命意同而用心不同。就命意说，赵高跟各家的说法相同，即君主要隐蔽起来处于暗处，让群臣在明处，这样，群臣的一举一动，君主都看见，君主可以做出处理。群臣看不见君主，更显出君主的威严。各家这样讲，是在讲君主怎样运用权术来驾驭臣下，用意在尊君，在宣扬君主专制，在把君主神化。赵高这样讲，要使二世皇帝高高在上，脱离臣下，即使二世皇帝“为‘皇’而不为‘帝’”。《汉书·高帝纪》“尊太公曰太上皇”句，颜师古注：“师古曰：‘太上极尊之称也。皇，君也。天子之父故号曰皇，不预治国，故不言帝也。’”赵高说这话的用意，要二世皇帝做傀儡皇帝而没有实权，实权归赵高掌握。钱先生在这里又指出陈澧说的“赵高语本于申、韩之术，秦亡由此”。就是赵高的说法是一种权术，运用这种权术，会造成秦朝的灭亡。照赵高的说法，他的用心，要二世成为傀儡，大权归他掌握，这样，秦朝假使不被农民起义推翻，也要落到赵高手里，也要灭亡。再说，赵高讲的本于申、韩之术，即使君主神化，即君权绝对化。《韩非子·忠孝》篇说：“臣事君，子事父，妻事夫。三者顺，则天下治；三者逆，则天下乱。此天下之常道也，明王贤臣而弗易也。则人主虽不肖，臣不敢侵也。”君主即使不肖，臣子也不敢侵犯，也要顺着他。这跟孔子讲的话相反。《论语·宪问》：“子路问事君，子曰：‘勿欺也而犯之。’”“犯”即犯颜谏诤，要对君主提意见，怎么提意

明　仇英　子路问津图

见呢？就在上面讲的“君子和而不同”，就要“和”。韩非却要对君主顺，君主不肖也要顺从。《论语 · 子路》里孔子指出君主倘然“唯其言而莫之违”，“如不善而莫之违也，不几乎一言而丧邦乎”。秦二世时，权操在赵高手里，是“不善而莫之违也”，所以秦朝就灭亡了，应了孔子的话。说明赵高讲的或申、韩讲的要君主神化，即封建专制，会造成亡国。反对君主神化，反对封建专制，提倡“和而不同”，有民主精神，才是进步的思想。

三　命意同而故事不同

> 孔子过泰山侧，有妇人哭于墓者而哀。夫子式（坐在车上，手靠在车前横木致敬）而听之，使子路问之，曰：“子（你）之哭也，一似重有忧者？”而（乃）曰：“然。昔者吾舅（公公）死于虎，吾夫又死焉，今吾子又死焉。”夫子曰：“何为不去也？”曰：“无苛政。”夫子曰：“小子识之，苛政猛于虎也。”（《礼记 · 檀弓下》）
>
> 永州之野产异蛇，黑质而白章（黑体白纹），触草木尽死，以啮人，无御之者。然得而腊之以为

饵（风干后作为药物），可以已大风、挛踠、瘘、疠（治风瘫、关节炎、淋巴腺结核、恶疮等病），去死肌，杀三虫（人体内的寄生虫）。其始，太医以王命聚之，岁赋其二，募有能捕之者，当其租入，永之人争奔走焉。有蒋氏者，专其利三世矣。问之，则曰："吾祖死于是，吾父死于是，今吾嗣为之十二年，几死者数矣。"言之，貌若甚戚者。余悲之，且曰："若（汝）毒之乎？余将告于莅事者，更若役，复若赋（田赋），则何如？"蒋氏大戚，汪然出涕曰："君将哀而生之乎？则吾斯役之不幸，未若复吾赋不幸之甚也。向吾不为斯役，则久已病矣。自吾氏三世居是乡，积于今六十岁矣，而乡邻之生日蹙。殚其地之出，竭其庐之入，号呼而转徙，饥渴而顿踣。触风雨，犯寒暑，呼嘘毒疠，往往而死者相藉也。……今虽死乎此，比吾乡邻之死，则已后矣，又安敢毒耶？"余闻而愈悲。孔子曰："苛政猛于虎也。"吾尝疑乎是，今以蒋氏观之，犹信。呜呼！孰知赋敛之毒，有甚是蛇者乎！故为之说，以俟夫观人风者得焉。（柳宗元《捕蛇者说》）

这两篇文章，命意相同，但反映的生活不同。文章是反映生活的，所以柳宗元的文章，虽然命意是从《檀弓》的一篇来的，他在文中还点明是从孔子的话来的，并不因此减低了它的价值，反而因它反映的生活，比《檀弓》的一篇更为深刻，生活面更广，因而它的影响更为深远，胜过《檀弓》的一篇。《檀弓》的一篇，讲一家三代都被虎害死，还不迁居，因为那里没有苛政，说明苛政猛于虎，这是有力的说明。但苛政怎样猛于虎，没有具体的描绘。柳宗元这篇就不同了，对苛政作了具体的描绘，讲到赋税的病民，指出“殚其地之出，竭其庐之入，号呼而转徙，饥渴而顿踣”。这样写不够，还写赋税逼得农民“触风雨，犯寒暑，呼嘘毒疠，往往而死者相藉也”；还不够，还写“悍吏之来吾乡，叫嚣乎东西，隳突乎南北，哗然而骇者，虽鸡狗不得宁焉”。再把捕毒蛇和缴纳赋税相比，指出前者“盖一岁之犯死者二焉，其余则熙熙而乐，岂若吾乡邻之旦旦有是哉！今虽死乎此，比吾乡邻之死，则已后矣，又安敢毒耶”，通过这样对比，更显出苛政猛于虎的罪恶。这样，这篇的命意虽然从《檀弓》来，但由于它在反映生活的深度和广度上远远超过《檀弓》，所以成为传诵的名篇。

四　命意相似而有差异

命意相似而有差异，指提法稍有不同，用意是一致的。如司马迁《报任少卿书》（《古文观止》作《报任安书》）：

> 古者富贵而名磨灭，不可胜记，惟倜傥非常之人称焉。盖文王拘而演《周易》；仲尼厄而作《春秋》；屈原放逐，乃赋《离骚》；左丘失明，厥有《国语》；孙子膑脚，《兵法》修列；不韦迁蜀，世传《吕览》；韩非囚秦，《说难》《孤愤》。《诗》三百篇，大抵贤圣发愤之所为作也。此人皆意有所郁结，不得通其道，故述往事，思来者。乃如左丘无目，孙子断足，终不可用，退而论书策以舒其愤，思垂空文以自见。

司马迁因为李陵投降匈奴后，替李陵说了几句话，被汉武帝判罪，受了腐刑。受刑以后，他发愤要写完《史记》，所以说了上面的一段话，指出从周王到韩非，包括《诗》三百篇，都是“贤圣发愤之所为作也”，提出发愤著作说。虽然吕不韦在迁蜀以前命门客替他著书，韩非在韩国就著作了《说难》《孤愤》，不过他要借来说明自己受刑后的发愤著书，所以这样说。因此他重复提到“左丘无目，孙子断足”，正结合他自己受腐刑说的。

唐朝韩愈写了《送孟东野序》：

> 大凡物不得其平则鸣：草木之无声，风挠之鸣；水之无声，风荡之鸣。其跃也或激之，其趋也或梗之，其沸也或炙之。金石之无声，或击之鸣。人之于言也亦然，有不得已者而后言，其歌也有思，其哭也有怀。凡出乎口而为声者，其皆有弗平者乎？乐也者，郁于中而泄于外者也，择其善鸣者而假之鸣。

这段讲“不得其平则鸣”，提法和“发愤之所为作”不同。但“发愤之所为作”，指“此人皆意有所郁结”，“退而论书策以舒其愤”；与韩愈讲的“郁于中而泄于外”是一致的，所以提法虽不同而命意相似。但由于提法不同，因而提到各种不同的物各有各的不平则鸣，这样就与“发愤之所为作”不同了。但两者也有类似处，

“发愤之所为作”，举出从文王到韩非，即圣贤人来。“不得其平则鸣”，也举出“择其善鸣者而假之鸣”，这也是两者有相似处。不过就“贤圣发愤之所为作”，所举的人，不如“不得其平则鸣”所举的人多，讲“不得其平则鸣”，例举各个时代的人，又举出各种不同的鸣，如“庄周以其荒唐之辞鸣”，还有“以道鸣”“以其术鸣”“以其所能鸣”“以其诗鸣”。这样，虽然命意相似，写得有变化，就显得不同了。

欧阳修在《梅圣俞诗集序》中写道：

> 予闻世谓诗人少达而多穷，夫岂然哉？盖世所传诗者，多出于古穷人之辞也。凡士之蕴其所有而不得施于世者，多喜自放于山巅水涯。外见虫鱼、草木、风云、鸟兽之状类，往往探其奇怪。内有忧思感愤之郁积，其兴于怨刺，以道羁臣、寡妇之所叹，而写人情之难言，盖愈穷则愈工。然则非诗之能穷人，殆穷者而后工也。

这段讲“穷者而后工”，提法与“发愤之所为作”及“不得其平则鸣”不同，但用意相似。这里也讲有“忧思感愤之郁积”，“写人情之难言”，跟“发愤之所为作”，与“郁于中而泄于外”是一致的。但由于提法不同，论点也有变化。既讲“穷者而后工”，就从为什么“穷者而后工”谈起，谈到穷跟工的关系，这就跟“不得其平则鸣”的从“不平”来讲不同了。再说，就“不平则鸣”来讲，讲到“择其善鸣者而假之鸣”，讲到历代的善鸣者有什么人，讲到他们以什么鸣，使“不得其平则鸣”这篇的论点，不同于“发愤之所为作”，成为新的创作。到“穷者而后工”，就结合梅尧臣的诗来讲，讲他“累举进士，辄抑于有司，困于州县，凡十余年。年今五十，犹从辟书（聘书），为人之佐”，即写他的穷，这就写得跟“不平则鸣”的列举各代善鸣者的写法不同了。不过在不同之中又有相似的。韩愈讲“不得其平则鸣”，归到“抑不知天将和其声而使鸣国家之盛耶？抑将穷饿其身，思愁其心肠而使自鸣其不幸耶”，这是对孟郊说的，不知他将来能得意而为唐朝歌诵呢，还是不得意而自鸣其不幸。欧阳修的讲“穷者而后工”，也联系到梅尧臣，“若使其幸得用于朝廷，作为雅颂，以歌咏大宋之功德，荐之清庙，而追商、周、鲁《颂》之作者，岂不伟欤！奈何使其老不得志，而为穷者之诗，乃徒发于虫鱼物类、羁愁感叹之言”。这跟韩愈对孟郊的说法是一致的，希望他得意而为朝廷歌诵功德，不要老是穷困感叹。这样，这两篇文章的论点有相似，也有变化。总的说来，以提法不同而有变化为主，所以不是摹仿而是创作，都成为名篇。可见命意相似的，只要有新的提法，写得有变化，也都可以成为名篇。不过这两篇也有些欠缺，如韩愈讲“不得其平则鸣”，却希望孟郊得意而“使鸣国家之盛”，倘孟郊得意了，就谈不上不平了，他得意而“鸣国家之盛”，更谈不上“不得其平则鸣”，违反了全篇的论点。欧阳修提出“穷者而后工”，使梅尧臣得意了，用于朝廷，那他由穷变达，即不穷了。那他“作为雅颂，以歌咏大宋之功德”，违反“穷者而后工”的论点了。这是这两篇在理论上不圆满的地方。

这点不够圆满的地方，司马迁的“发愤之所为作”也有，即吕不韦叫门客写《吕氏春秋》，是他在秦国掌权的得意时代，不在迁蜀以后；韩非的著书，不在囚秦以后；《诗》三百篇也有男女相悦的情歌，并不都是“发愤之所为作”的。这些不能不认为在逻辑上不够严密。

清　唐宋八大家像

从左到右依次而下为：韩退之像、柳宗元像、欧阳修像、苏洵像、苏轼像、苏辙像、曾巩像、王安石像

五　目的同而命意不同

欧阳修有的文章是摹仿韩愈的，像韩愈写《原道》，主要是辟佛教，欧阳修写《本论》，也是辟佛教，两篇的目的相同，但命意不同，欧阳修的一篇还是成功之作。

李耆卿《文章精义》："韩退之辟佛，是说吾道有来历，浮图（佛）无来历，不过辨邪正而已。欧阳永叔非佛，乃谓修其本以胜之，吾道既胜，浮图自息，此意高于退之百倍。"这里把韩愈的《原道》跟欧阳修的《本论》比，两者都是反对佛教的。《原道》指出他讲的道，是尧、舜、禹、汤、文、武、周公、孔子、孟子相传的道，有一个道统；佛讲的道没有类似这样的道统。他讲的道是君臣、父子相生相养之道，佛讲"必弃而（汝）君臣，去而父子，禁而相生相养之道，以求所谓清净寂灭者"。他认为不正确，即辨邪正。《本论》指出："尧、舜、三代之际，王政修明，礼义之教充于天下。于此之时，虽有佛，无由而入，及三代衰，王政缺，礼义废。后二百余年而佛至乎中国。由是言之，佛所以为吾患者，乘其缺废之时而来，此其受患之本也。

补其缺，修其废，使其政明而礼义充，则虽有佛，无所施于吾民矣，此亦自然之势也。”（《古文辞类纂·论辨三》）以充实内部来抵制佛教，所以说他的见识高过韩愈。

这两篇的目的都是辟佛，但命意不同。韩愈主张用政治力量来加以排斥，所谓“人（民）其人，火其书，庐其居，明先王之道以道之”。即勒令和尚还俗，烧掉佛经，把庙宇改成民居，用儒家之道来教导他们。当时有不少人相信佛教，他这种主张是行不通的。就这方面说，确实不如欧阳修讲的，从根本上修明政教、改善人民生活、减轻赋税来得好。但《原道》用儒家之道与佛教、道教比，提出《大学》的诚意、正心、修身、齐家、治国、平天下，提出儒家之所谓仁、义、道、德与道家、佛教比，显出儒家的学说更适合于当时的政教。就这方面说，《原道》还是受到古人的推崇，不是《本论》所能代替的。陈兆崙《欧文选序》：“永叔之摹韩，几于寻声答响，望形赴影矣，而不病其袭，则其说见于老苏之书，所谓态者是也。”（《紫竹山房文集》）这里指出欧阳修摹仿韩愈，好在像苏洵《上欧阳内翰书》讲的，欧阳修文章的风格柔婉与韩愈的风格刚健不一样。

按就《本论》跟《原道》看，主要是命意不同，其次才是风格不同，因此没有摹仿的痕迹，成为创作。就风格说，从上引的“人其人”几句看，很有决断，虽立论不一定恰当，还是表示刚健的风格。再看《本论》中：“及三代衰，王政缺，礼义废，后二百余年而佛至乎中国，由是言之，佛所以为吾患者，乘其缺废之时而来，此其受患之本也。”这样说，风格是柔婉的。欧阳修的文章，之所以成功，还是在命意的创新上。

六　事同而所记稍异

叙述同一件事的，李耆卿《文章精义》：“《国语》不如《左传》，《左传》不如《檀弓》，叙晋献公、骊姬、申生一事，繁简可见。”这里讲晋献公宠爱的骊姬害死太子申生这一件事，有三种记载，认为记得最简的最好。说记得最简的最好，上面已经指出他的说法不确，可以不管。记这事不止三种，有五种，今录下三种。

一、《礼记·檀弓上》：

晋献公将杀其世子申生，公子重耳谓之曰：

> “子盍（何不）言子之志于公乎？”世子曰：“不可。君安骊姬，是我伤公之心也！”曰：“然则盍行乎？”世子曰：“不可。君谓我欲弑君也。天下岂有无父之国哉！吾何行如之（行将何往）？”使人辞于狐突曰：“申生有罪，不念伯氏（即狐突）之言也，以至于死。申生不敢爱其死。虽然，吾君老矣，子少，国家多难。伯氏不出而图吾君（为我君出谋划策），伯氏苟出而图吾君，申生受赐而死。”再拜稽首，乃卒，是以为恭世子也。

这篇的主旨是讲世子申生是“恭世子”，即非常恭顺的世子。他的恭顺表现在两点：一是骊姬诬陷他要弑献公，他不肯去辨明。因为一辨明，骊姬有罪要被废谪，但献公离不开骊姬，所以他不愿去辨明，这是恭顺。二是狐突早劝他避到别国去，免得受害，他不听。到受了诬陷，他宁愿自杀，还是想狐突出来辅佐献公，为国打算，所以称恭顺。这一篇，不是在记骊姬诬害申生的事，是在说明申生是恭世子。就这个命意说，这篇是写得好的，好在充分说明了他是恭世子的理由，理由很具体。

二、《左传·僖公四年》：

（骊）姬谓大（太）子曰："君梦齐姜（太子母），必速祭之。"大子祭于曲沃，归胙（送祭过的酒肉）于公。公田（打猎），姬置诸宫六日。公至，毒而献之。公祭之地，地坟（用酒浇地，地高起）。与犬（以肉与犬），犬毙，与小臣，小臣亦毙。姬泣曰："贼由大（太）子。"大子奔新城。公杀其傅杜原款。或谓大（太）子，子辞（辩明），君必辨焉。大（太）子曰："君非姬氏，居不安，食不饱。吾辞，姬必有罪。君老矣，吾又不乐。"曰："子其行乎？"大（太）子曰："君实不察其罪，被此名也以出，人谁纳我。"十二月戊申，缢于新城。

《左传》这篇是记事，对骊姬害死申生的事做了全面的叙述，跟《檀弓》的只说"晋献公将杀其世子申生"不同。因此，不能说《檀弓》胜过《左传》。但《檀弓》的主旨在说明申生为"恭世子"，不在记申生怎样被害的事，所以也不能说《左传》这篇胜过《檀弓》，这两篇的性质不同，不能用叙事的详略来分优劣。《檀弓》

里有申生“使人辞于狐突曰”的一段话，《左传》里没有。这段话说明申生将死前还关心国事，关心“君老，子少”，即关心献公和骊姬生的儿子奚齐，要狐突出来辅佐他们，这正突出申生的恭慎，这些话在《檀弓》这篇里是必要的。在《左传》这篇记事里就不一定必要了，因为《左传》里没有提到“恭世子”的话，没有称他恭慎，这些话跟申生被害而死关系不密切，所以就不说了。

三、《国语·晋语二》：

> 骊姬以君命命申生曰：“今夕君梦齐姜，必速祠而归福（送祭肉来）。”申生许诺，乃祭于曲沃，归福于绛。公田，骊姬受福，乃置鸩（毒）于酒，置堇（乌头，毒）于肉。公至，召申生献。公祭之地，地坟，申生恐而出。骊姬与犬肉，犬毙；饮小臣酒，亦毙。公命杀杜原款（申生之傅），申生奔新城。
>
> 杜原款将死，使小臣圉告于申生，曰：“款也不才，寡智不敏，不能教导，以至于死。不能深知君之心度，弃宠求广土而窜伏焉，小心狷介，不

敢行也。是以言至而无所讼之也，故陷于大难，乃逮（及）于谗。然款也不敢爱（惜）死，唯与谗人钧（均）是恶也。吾闻君子不去情，不反谗，谗行身死可也，犹有令名（好名声）焉。死不迁情，强也，守情说（悦）父，孝也；杀身以成志，仁也；死不忘君，敬也。孺子勉之，死必遗爱，死民之思（死在人民怀念中），不亦可乎!”申生许诺。

人谓申生曰:“非子之罪，何不去乎?”申生曰:“不可。去而罪释，必归于君，是怨君也。章父之恶，取笑诸侯，吾谁向而入？内困于父母，外困于诸侯，是重困也；弃君去罪，是逃死也。吾闻之:‘仁不怨君，智不重困，勇不逃死。’若罪不释，去而必重，去而罪重，不智；逃死而怨君，不仁；有罪不死，无勇。去而厚怨，恶不可重，死不可避，吾将伏以俟命。”骊姬见申生而哭之，曰:“有父忍之，况国人乎？忍父而求好人（取好于人），人孰好之？杀父以求利人（求利于人），人孰利之？皆民之所恶也，难以长生。”骊姬退，申生乃雉经（吊死）于新城之庙。将死，乃使猛足言于狐突曰:“申生有罪，不听伯氏，以至于死。申生不敢爱

> 死，虽然，吾君老矣，国家多难，伯氏不出，奈吾君何？伯氏苟出而图吾君，申生受赐以死，虽死何悔。”是以谥为共（恭）君。

这篇比《左传》中的一篇，多出杜原款劝申生自杀的话，多出骊姬促申生自杀的话，多出申生使人告狐突的话，即把《檀弓》里申生告狐突的话也加进去了。上面指出《左传》里没有记载申生死后谥为共（恭）君，所以不载他告狐突的话。《国语》里记载了申生“谥为共（恭）君”，所以记下了他告狐突的话。不过这两段话里，有点小的不同：《檀弓》里说“吾君老矣，子少”，《国语》里没有“子少”。这点差别，说明《檀弓》的作者认为骊姬把申生害死以后，一定要使她的儿子奚齐继承君位，奚齐还小，所以要狐突出来辅佐奚齐。《国语》的作者认为骊姬把申生害死以后，也不可能使她的儿子奚齐继承君位，因为申生还有弟弟夷吾、重耳会继承君位的，所以不提“子少”了。

再看《左传》里不提杜原款和骊姬的两段话，申生讲的话也比《国语》里记得简单，为什么？《左传》里写申生自杀，一是不愿自明，因为“君非姬氏，居不安，食不饱。吾辞，姬必有罪。君老矣，吾又不乐”。体会到献公离不开骊姬，自明以后，献公要失去骊姬，会感到痛苦。他不愿献公感到痛苦，不肯自明，但又不肯逃走，认为他带着弑父弑君的恶名，没有地方可逃，显出他的洁身自好。这样，从他的性格看，除了自杀，没有路好走。因此，他的自杀，是他性格发展的必然结果，用不到人劝，也用不到人逼迫，所以杜原款和骊姬的话都没有必要，都不载，这是《左传》胜过《国语》处。从申生的性格来看，这两段话都不是必要的。

《国语》的记载有一处也与《左传》不同。《左传》讲太子到曲沃去祭，祭后把酒肉送给献公，是酒肉早已送去了。到骊姬诬陷申生时，申生不在旁边。《国语》作“公至，召申生献。公祭之地，地坟，申生恐而出”。好像酒肉没有送去，献公要召申生来献酒肉。公祭之地时，申生在旁边，看到“地坟”，就逃出去了。这段记载，以《左传》为可信。因为申生早已把祭后的酒肉送去了，所以用不到“召申生献”。骊姬在酒肉里下了毒，也不愿申生在旁，所以“召申生献”和申生在旁的记载不合理。《国语》里记了“申生恐而出”，再写“申生奔新城”，大概怕申生不肯死，所以加上杜原款劝他死、骊姬逼他死的两段话。再说申生已经逃到新城，即曲沃，那么骊姬要见申生？一定要到曲沃去，骊姬既诬陷申生，怎么又敢到曲沃去见申生，这也不合理。

再看《史记·晋世家》对这件事的记载，为了节省篇幅，不再全引。在谈《史记》之前，先看看《穀梁传》的记载："骊姬下堂而啼，呼曰：'天乎天乎！国，子之国也，子何迟于为君？'"《史记》写的又有了发展。《史记》作：

> 献公从猎来还，宰人（管膳食的）上胙献公，献公欲飨之。骊姬从旁止之曰："胙所从来远，宜试之。"祭地，地坟；与犬，犬死，与小臣，小臣死。骊姬泣曰："太子何忍也！其父而欲弑代之，况他人乎？且君老矣，旦暮之人，曾不能待，而欲弑之。"谓献公曰："太子所以然者，不过以妾及奚齐之故，妾愿母子辟之他国，若早自杀，毋徒使母子为太子所鱼肉也。始君欲废之，妾犹恨之，至于今，妾殊自失于此。"

骊姬这段话，《左传》《国语》《檀弓》里都没有，是从哪里来的呢？钱锺书先生在《管锥编》中说：

> 史家追叙真人实事，每须遥体人情，悬想事势，设身局中，潜心腔内，忖之度之，以揣以摩，庶几入情合理。盖与小说、院本之臆造人物、虚构境地，不尽同而可相通；记言特其一端。《韩非子·解老》曰："人希见生象也，而得死象之骨，案其图以想其生也；故诸人之所以意想者，皆谓之象也。"斯言虽未尽想象之灵奇酣放，然以喻作史者据往迹、按陈编而补阙申隐，如肉死象之白骨，俾首尾完足，则至当不可易矣。《左传》记言而实乃拟言、代言，谓是后世小说、院本中对话、宾白之椎轮草创，未为过也。

钱先生这段话，深刻地指出以上记言的不同。《史记》中记骊姬的一段话，正是司马迁的设想，完全符合骊姬这个人物的性格和当时的情境，这是好的。《史记》里也没有杜原款劝死和骊姬逼申生自杀的话，说明这两段话是多余的。这样看来，史书中记载人物事件，也要考虑人物性格。记载骊姬害申生的事，以《左传》写得最好，最能突出申生的性格。《史记》根据《左传》来写，做了补充，补充骊姬的一段话，有助于刻画骊姬阴险的性格也是好的。《国语》多出的两段话，有损于申生的性格是不好的。《檀弓》主旨不在记事，在说明，所叙述的话作为说明的例证也是好的。

七　事同而语有复叠与简约

钱锺书先生在《管锥编》中写道：

> “诸将皆从壁上观，楚战士无不一以当十，楚兵呼声动天，诸侯军无不人人惴恐。于是已破秦军。项羽召见诸侯将，入辕门，无不膝行而前”，《考证》：“陈仁锡曰：‘叠用三无不字，有精神；《汉书》去其二，遂乏气魄。’”

按《汉书·项籍传》作“楚战士无不一当十”，“诸侯军人人惴恐”，“膝行而前”，删去两“无不”字。

钱先生接着说：

按陈氏评是，数语有如火如荼之观。贯华堂本《水浒》第四十四回裴阇黎见石秀出来，“连忙放茶”，“连忙问道”，“连忙道：‘不敢！不敢’”，“连忙出门去了”，“连忙走”；殆得法于此而踵事增华者欤？马迁行文，深得累叠之妙，如本篇末写项羽“自度不能脱”，一则曰“此天之亡我，非战之罪也”，再则曰“令诸君知天亡我，非战之罪也”，三则曰“天之亡我，我何渡为”，心已死而意犹未平，认输而不服气，故言之不足，再三言之也。又如《袁盎鼂错列传》记错父曰：“刘氏安矣！鼂氏危矣！吾去公归矣！”叠三“矣”字，纸上如闻太息，断为三句，削去衔接之词，顿挫而兼急迅错落之致。《汉书》却作：“刘氏安矣而鼂氏危，吾去公归矣？”索然有底情味？

八　事同而记有疏密

钱锺书先生在《管锥编》中写道：

《容斋随笔》卷一谓《史记·卫青传》“校尉李

朔一节五十八字，《汉书》省去二十三字，然不若《史记》为朴赡可喜”；虞兆隆《天香楼偶得》驳则谓《随笔》“非定论”。

按《史记·卫青传》作：

乃诏御史曰：“护军都尉公孙敖三从大将军击匈奴，常护军，傅校获王，以千五百户封敖为合骑侯（《汉书》删“以千五百户”）；都尉韩说从大将军出窳浑，至匈奴右贤王庭，为麾下搏战获王，以千三百户封说为龙额侯（又删“以千三百户”）；骑将军公孙贺从大将军获王（又删“公孙”），以千三百户封贺为南窌侯（又删“以千三百户”）；轻车将军李蔡再从大将军获王，以千六百户封蔡为乐安侯（又删“以千六百户”）；校尉李朔、校尉赵不虞、校尉公孙戎奴，各三从大将军获王（又删后两个“校尉”），以千三百户封朔为涉轵侯（又删“以千三百户”），以千三百户封不虞为随成侯，以千三百户封戎奴为从平侯（又删两个“以千三百户封”）；将军李沮、李息及校尉豆如意有功，赐爵关内侯，食邑各三百户（又“豆如意”下多出“中郎将绾皆”，“关内侯”下多出“沮、息、如意”）”。

从《史记》和《汉书》的记载看，不在于《史记》朴赡可喜，是在于记载的疏密问题。按照《汉书》的记法，只要记明封什么侯就够了，不用记户数。那么，封关内侯，“食邑各三百户”，为什么不删，封户数少的“三百户”记了，封户数多的“千三百户”“千五百户”为什么反而删去，就不合理了。“公孙贺”删去“公孙”，光留个“贺”字，不知姓谁，更不恰当。《史记》里不记“中郎将绾”是有道理的，因为这里都记封侯和户数，“中郎将绾”没有封的户数，所以《史记》不收；《汉书》收了，又没有姓，也是疏漏。这样看来，《史记》密，《汉书》有疏漏。钱先生说：

《汉书》删去两“校尉”，明净胜于《史记》原文未可尽非；《史记》下文亦云“将军李沮、李息”，而不云“将军李沮、将军李息”也。《汉书》删去三“以千三百户封”，洵为败缺，当于“为从平侯”下，增“食邑各千三百户”，则点烦而不害事，犹《史记》下文言李沮、李息、豆如意云“赐爵关内侯，食邑各三百户”也。

九　事同而记有详略改动

《朱子语类》卷十一：

问：“读《通鉴》与正史如何？”曰：“好，且看正史，盖正史每一事关涉处多。只如高祖鸿门一事，本纪与张良、灌婴诸传互载，又却意思详尽，读之使人心地欢洽，便记得起。《通鉴》则一处说便休，直是无法，有记性人方看得。”

《史记·项羽本纪》叙鸿门宴：

沛公旦日从百余骑来见项王（《通鉴》作“项羽”，下同），至鸿门（又无“至”），谢曰：“臣与将军戮（又作“勠”）力而攻秦，将军战河北，臣战河南，然不自意能先入关破秦，得复见将军于此。今者有小人之言，令将军与臣有隙。”项王曰：

“此沛公左司马曹无伤言之，不然，籍何以至此？”

项王即日因留沛公与饮。项王、项伯东向坐，亚父南向坐。亚父者，范增也。沛公北向坐，张良西向侍（又无“项王项伯”数句）。范增数目项王，举所佩玉玦以示之者三，项王默然不应。范增起，出召项庄，谓曰：“君王为人不忍，若（汝）入前为寿，寿毕，请以剑舞，因击沛公于坐，杀之。不者，若属皆且为所虏。”庄则入为寿。寿毕，曰：“君王与沛公饮（又无此句），军中无以为乐，请以剑舞。”项王曰：“诺。”项庄拔剑起舞，项伯亦拔剑起舞，常以身翼蔽沛公，庄不得击。

于是张良至军门，见樊哙。樊哙（又无“樊”）曰：“今日之事何如？”良曰：“甚急（又无“甚急”），今者（又无“者”）项庄拔剑舞，其意常在沛公也。”哙曰：“此迫矣，臣请入，与之同命。”哙即带剑拥盾入军门，交戟之（又无此三字）卫士欲止不内（纳），樊哙侧其盾以撞，卫士仆地，哙（又无“哙”）遂入，披帷西向立（又无“西向”），瞋目视项王，头发上指，目眦尽裂。项王按剑而跽（长跪）曰：“客何为者？”张良曰：“沛公之参乘樊哙者（又无“者”）也。”项王曰：“壮士，赐之卮酒。”则与斗卮酒。哙拜谢，起，立而饮之。项王曰：“赐之彘肩。”则与一生彘肩。樊哙覆其盾于地，加彘肩上（又作“其上”），拔剑切而啖之。项王曰：“壮士，能复（又作“复能”）饮乎？”樊哙曰：“臣死且不避，卮酒安足辞！夫秦王（又无“王”）有虎狼之心，杀人如不能举，刑人如不恐胜，天下皆叛之。怀王与诸将约曰：‘先破秦入咸阳者王之。’今沛公先破秦入咸阳，豪毛不敢有所近，封闭宫室（又无此四字），还军霸上，以待大王来（又作“以待将军”）。故遣将守关者，备他盗出入与非常也（又无此二句）。劳苦而功高如此，未有封侯之赏，而听细说（又作“细人之说”），欲诛有功之人，此亡秦之续耳，窃为大王（又作“将军”）不取也。”项王未有以应，曰：“坐。”樊哙从良坐。坐须臾，沛公起如厕，因招樊哙出。

沛公已出，项王使都尉陈平召沛公（又无此二句）。沛公曰：“今者出，未辞也，为之奈何？”樊哙曰：“大行不顾细谨，大礼不辞小让（又无此二句）。如今人方为刀俎，我为鱼肉（又“为”作

“方为”），何辞为！”于是遂去。乃令张良留谢，良问曰：“大王来何操？”曰：“我持白璧一双，欲献项王；玉斗一双，欲与亚父，会其怒，不敢献。公为我献之。”张良曰：“谨诺。”（又无“乃令……谨诺”）当是时，项王军在鸿门下，沛公军在霸上，相去四十里（从“当是……里”又作“鸿门去霸上四十里”）。沛公则置车骑，脱身独骑，与（又无“与”）樊哙、夏侯婴、靳强、纪信等四人持剑盾步走，从郦山下，道芷阳间行。（又下有“趣霸上，留张良使谢项羽，以白璧献羽，玉斗与亚父”）沛公谓张良（又无“张”）曰：“从此道至吾军，不过二十里耳，度我至军中，公乃入。”沛公已去，间至军中，张良入谢，曰：“沛公不胜杯杓，不能辞。谨使臣良奉白璧一双，再拜献大王（又作“将军”）足下；玉斗一双，再拜奉大将军（又作“亚父”）足下。”项王曰：“沛公安在？”良曰：“闻大王（又作“将军”）有意督过之，脱身独去，已至军矣。”项王则受璧，置之坐上；亚父受玉斗，置之地，拔剑撞而破之，曰：“唉！竖子不足与谋。夺项王（又作“将军”）天下者，必沛公也，吾属今为之虏矣!”沛公至军，立诛杀曹无伤。

《通鉴》里记的鸿门宴，完全根据《史记》，但是文字有删节，有改动。《史记》以文章著名，司马光编《通鉴》，为什么不照用《史记》原文，却要加以删改呢?这主要是两书体例不同造成的。《史记》是纪传体，其中写人物传记部分，属于传记文学，所以对人物要作文学描写，是历史跟文学的结合。《通鉴》是编年体，以记事为主，重在记事，要减少文学描写部分，因此对《史记》中有的描写就作了删节。像《史记》里记项王、项伯、亚父、沛公、张良的座位几句，就传记文学讲，记这次宴会，是要写明座位的。就记事讲，主要记事件，各人的坐位不重要，所以删了。再像有的描写，如《史记》“交戟之卫士”，描写卫兵是两人手持戟相交的；樊哙“披帷西向立”，写明他立的方向。《通鉴》主要在记事，光说“卫士”，怎样的卫士就不管了；光说“披帷立”，立的方向就不管了。再看对话，项庄进去，说“君王与沛公饮”，就传记文学说，开口是要这样说的，不可能一进去，招呼也不打就说“军中无以为乐”的；但就记事说，这句打招呼的话，就可从略了。再像张良说“甚急”，表达张良的心情，是必要的；就记事说，重在记事，这两字也可从略了。再像樊哙讲话“豪毛不敢有所近，封闭宫室”，说了刘邦对秦国的东西丝毫不取，其中最重要的，是皇宫，所以加上“封闭宫室”就记事说，丝毫不取已经包括“封闭宫室”，这四字也可删了。樊哙又说“故遣将守关者，备他盗出入与非常也”，替刘邦派兵守关作了解释，这也必要。就记事说，这个解释，上文鸿门会前刘邦已经向项伯作过解释，项伯已经向项羽说过，不必重复，也删了。樊哙对刘邦说“大行不顾细谨，大礼不辞小让”，这是针对刘邦说的“今者出未辞也，为之奈何”的解答；就记事说，这个解释也可从略。下面张良问刘邦带什么礼物来，刘邦说带了白璧玉斗的话，按照当时的情形，是应该有这样的问答的；就记事说，这些送礼物的事，下面都有了，这些问答的话也可从略了。以上这些删节，当是传记文学与记事文不同所造成的。

还有称呼的不同，《史记》是按照当时人的称呼来写的，当时人称“项羽”“项王”，当面称“大王”，所以文中称项羽为“项王”，张良、樊哙称项羽为“大王”。只有刘邦跟项羽地位相似，称项羽为

“将军”。当时人称刘邦为沛公，文中也称“沛公”。当时尊称范增为“亚父”，文中有时称“亚父”，从当时的尊称，有时称“范增”，作为一般叙述，张良称范增为“大将军”，称他的职位，因张良不是项羽手下人，可以不用他的尊称。《史记》对人的称呼，是有这样的讲究的。《通鉴》里不称“项王”，改称“项羽”，但对刘邦还是称“沛公”，不称刘邦，这里显出司马光尊重刘邦，所以对刘邦不称名；不尊重项羽，所以不称“项王”，直呼其名，称为“项羽”。樊哙称项羽为“大王”，《通鉴》改为“将军”。张良在替刘邦献礼物时，称项羽为“大王”，称范增为“大将军”，很合适。《通鉴》把“大王”改为“将军”，因此不能称范增为“大将军”，称其为“大将军”变成范增高于项羽了，又不便直呼其名，因改为“亚父”。其实“亚父”是项羽手下人对范增的尊称，比“大将军”的称呼更尊崇，张良不是项羽手下人，不可能称范增为“亚父”。又张良、樊哙是刘邦手下人，地位低于刘邦，也低于项羽，不可能跟刘邦一样，称项羽为“将军”。这是司马光在改变称名时出了破漏。

司马光改《史记》，也有改得好的。如“樊哙覆其盾于地，加彘肩上”，《通鉴》改作“加彘肩其上”，加了一个“其”字，表示彘肩加在盾上，很明确。没有这个“其”字，也可以理解为盾加在彘肩上，总之不如加“其”字明确。樊哙说“而听细说”，《通鉴》改为“而听细人之说”，意义更为明确，也是改得好的。

《汉书》把鸿门宴写在《高祖本纪》里：

> 沛公旦日从百余骑见羽鸿门，谢曰：“臣与将军戮力攻秦，将军战河北，臣战河南，不自意先入关，能破秦，与将军复相见。今者有小人言，令将军与臣有隙。”羽曰：“此沛公左司马曹毋伤言之，不然，籍何以至此！”
>
> 羽因留沛公饮。范增数目羽击沛公，羽不应。范增起，出谓项庄曰：“君王为人不忍，汝入以剑舞，因击沛公，杀之。不者，汝属且为所虏。”庄入为寿，寿毕，曰：“军中无以为乐，请以剑舞。”因拔剑舞。项伯亦起舞，常以身翼蔽沛公。
>
> 樊哙闻事急，直入，怒甚。羽壮之，赐以酒。哙因谯让羽。有顷，沛公起如厕，招樊哙出，置车官属，独骑，与樊哙、靳强、滕公、纪成步，从间

> 道走军。使张良留谢羽。羽问："沛公安在？"曰："闻将军有意督过之，脱身去，间至军，故使臣献璧。"羽受之。又献玉斗范增。增怒，撞其斗，起曰："吾属今为沛公虏矣！"

《汉书》这一篇也是删节《史记》的那一篇，但删得更多。《通鉴》是编年体，以记事为主，它的删节，可以说是限于体例。《汉书》是纪传体，也写人物传记，那就不该以记事为主大加删节了。就鸿门宴这篇说，《汉书》不仅删得不如《史记》，也不如《通鉴》了。如《史记》开头写："项王曰：'此沛公左司马曹无伤言之，不然，籍何以至此？'"说这话，好像替自己辩解，说自己准备攻击刘邦，是因为听了刘邦手下曹无伤的话。有了这个开头，所以篇末写"沛公至军，立诛杀曹无伤"。首尾呼应。《汉书》这篇，删去了沛公诛杀曹无伤的话，首尾不相呼应。再说，这件事，项羽讲出了曹无伤，等于把在刘邦手下替自己做工作的人泄露给刘邦，说明项羽这人没有政治斗争经验，刘邦回去立即杀了曹无伤，显出刘邦是有政治斗争经验的，这也跟两人的性格有关。《汉书》删去了刘邦杀曹无伤的话，好像刘邦也没有政治斗争经验了。

《史记》里讲明项羽、刘邦、范增、张良的座位，《汉书》里删去了，说明《汉书》也着重记事，所以删。《史记》称："范增数目项王，举所佩玉玦以示之者三，项王默然不应。"《汉书》删去了三举玉玦，删去了"默然"，光说"数目羽"，这就显得不够，光是用目光示意，跟三次举玉玦来要项羽下决心是不同的，一删就减轻了分量。《史记》里写张良出来找樊哙，告诉他形势的危急，樊哙表示要进去"与之同命"。《汉书》里写作"樊哙闻事急，直入"。樊哙在军门外，对于宴席上的事看不见、听不到，从哪里"闻事急"呢？就记事说，也没有讲清楚。《史记》写樊哙"带剑拥盾入军门，交戟之卫士欲止不内，樊哙侧其盾以撞，卫士仆地，哙遂入"。《汉书》作"直入"，好像军门口没有守卫，樊哙可以"直入"了。《史记》里写樊哙"瞋目视项王，头发上指，目眦尽裂"，使项羽吃惊，称他为壮士，赐给他斗酒彘肩。《汉书》里光说"怒甚"，樊哙的生动形象没有了，使项羽吃惊也没有了，只因他"怒甚"而"壮之"，也不可解了。《史记》里写樊哙责备项羽的一段话，义正词严，使项羽无话可说，改变了鸿门宴上沛公的处境，转危为安。《汉书》里也没有了。

再像《史记》写“沛公起如厕，因招樊哙出”。沛公说：“今者出未辞也，为之奈何?”樊哙提到“如今人方为刀俎，我为鱼肉，何辞为!”“人为刀俎，我为鱼肉”，成为后世成语，《汉书》里这些都没有了。最后《史记》作“亚父受玉斗，置之地，拔剑撞而破之，曰：‘唉！竖子不足与谋……’”，《汉书》里把“竖子不足与谋”这句删了，这句表面上指斥项庄，骨子里是指斥项羽。因为范增要项庄在席前舞剑，击杀沛公。项庄听从了，是在席前舞剑，可是项伯也拔剑起舞，保护刘邦，使项庄不能击刘邦，这不是项庄的过错，范增不该指斥他。范增要指责的是项羽，范增三次举玉玦要项羽下决心杀刘邦，项羽不应，所以这话其实是指斥项羽。这当跟后来项羽疏远范增有关。像这样的话，既显示范增的性格，又写出项羽跟范增的关系，是比较重要的。《汉书》把这样重要的话都删了，所以不如《史记》。当然，《汉书》里也有写得胜过《史记》的，下面也要谈到。

《朱子语类》里谈到还可参看别人传里有关的记载，也不妨看看。先看《史记·高祖本纪》：

沛公从百余骑驱之鸿门，见谢项羽。项羽曰：“此沛公左司马曹无伤言之。不然，籍何以至此！”沛公以樊哙、张良故，得解归。归，立诛曹无伤。

《史记·樊哙传》：

沛公从百余骑因项伯面见项羽，谢无有闭关事。项羽既飨军士，中酒（酒酣），亚父谋欲杀沛公，令项庄拔剑舞坐中，欲击沛公。项伯常肩（《汉书》作“屏”）蔽之。时独沛公与张良得入坐，樊哙在营外，闻事急，乃持铁（又无“铁”）盾入到营。（又作“初入营”）营卫止哙，哙直撞入，立帐下。项羽目之，问为谁。张良曰：“沛公参乘樊哙（又有“也”）。”项羽曰：“壮士，赐之卮酒彘肩。”哙既饮酒，拔剑切肉，食尽之（又无“尽”）。项羽曰：“能复饮乎？”哙曰：“臣死且不辞，岂特卮酒乎？且沛公先入定咸阳，暴师霸上，以待大王。大王今日至，听小人之言，与沛公有隙，臣恐天下解，心疑大王也。”项羽默然，沛公如厕，麾樊哙去。既出，沛公留车骑，独骑一马（又无“一”），与樊哙等四人步从（又无“与”“樊”），从间道山下归走霸上军（又作“从山下走归霸上军”），而使张良谢项羽。项羽（又无“项”）亦因遂已，无诛沛公之心矣。是日微（无）樊哙奔入营，谯让项羽，沛公事几殆（又无“事”）。

《汉书·项籍传》：

明日，沛公从百余骑至鸿门谢羽，自陈：“封秦府库，还军霸上，以待大王，闭关以备他盗，不敢背德。”羽意既解，范增欲害沛公，赖张良、樊哙得免。语在《高纪》。

《史记》把鸿门宴写在《项羽本纪》里，《高祖本纪》里就不必再写，只需交代一下就行。从上文看，上文写项羽准备进攻刘邦，得到项伯替刘邦说话，项羽决定不进攻，所以接下来写刘邦到鸿门来谢项羽，项羽说明为什么想攻刘邦，再说刘邦怎样得解脱回来就完了。因项羽提到了曹无伤，所以写刘邦回去杀曹无伤作结。这里重复提到曹无伤，因他跟项羽要进攻刘邦有关，不能

西汉　佚名　鸿门宴壁画

不提。对于刘邦怎样解脱归来，只提了以樊哙、张良故，主要是樊哙，所以把樊哙写在前面。在《项羽本纪》里，称项羽为项王，这篇里只称项羽。因为《项羽本纪》里以项羽为主，项羽是称西楚霸王的，所以称为“项王”。《高祖本纪》里以刘邦为主，所以不尊称他为“项王”，改称“项羽”。

《高祖本纪》里提到“以樊哙、张良故，得解归”，主要是靠樊哙，所以在《樊哙传》里也讲到了鸿门宴。樊哙是在鸿门宴上，刘邦形势危急时入营解救他的，所以先要交代刘邦怎样去赴鸿门宴、在宴会上形势怎样危急，这些只是交代，下面才写樊哙怎样入营门，引起项羽注意。樊哙怎样饮酒食肉，主要写樊哙怎样替刘邦讲解，义正词严，使项羽无话可说，使刘邦的处境转危为安。就鸿门宴看，主要是写在《项羽本纪》里，《樊哙传》里写的也不如《项羽本纪》写得生动精彩，即就樊哙部分说，《项羽本纪》里写得也比《樊哙传》精彩。这样写是对的，要是把樊哙的事，在《樊哙传》里作了生动精彩的描写，在《项羽本纪》里只做了交代，那就把鸿门宴这事的精彩描写分散了，有一部分写在《项羽本纪》里、有一部分写在《樊哙传》里，两处写鸿门宴都不完整，这就没有一个完整的鸿门宴了。所以宁可把对樊哙的精彩描写写在《项羽本纪》里，使鸿门宴的精彩描写集中在《项羽本纪》里，这样更好些。在《樊哙传》里点明没有樊哙的奔入营指责项羽，刘邦几乎危险，这就突出樊哙的功绩。

《汉书》把鸿门宴写在《高祖本纪》里，在《项籍传》里只作了交代。因为班固把《项羽本纪》改为《项籍传》，项羽的地位变了。鸿门宴既是有关刘邦的大事，就不便写在《项籍传》里，只好写在《高祖本纪》里，在《项籍传》里只能做些交代了。写沛公到鸿门来谢项羽，说明自己不敢背德，项羽意解。只是范增要杀沛公，“赖张良樊哙得免，语在《高纪》”，点明鸿门宴写在《高祖本纪》里。按鸿门宴是项羽设宴招待刘邦，是以项羽为主。在鸿门宴上，刘邦的生命掌握在项羽手里，所以司马迁把鸿门宴写在《项羽本纪》里是正确的，班固把它写在《高祖本纪》里是主客倒置。班固不仅把鸿门宴删得失去了许多精彩描写，就是他把鸿门宴从《项羽本纪》改到《高祖本纪》里也是不合适的。但他已把《项羽本纪》改成《项籍传》了，把项羽的地位改得跟陈胜一样，那么鸿门宴又好像不适宜写在《项籍传》里了。其实班固把《项羽本纪》改为《项籍传》是不正确的。班固沿袭《史记》，把吕后列为《高后本纪》，因为刘邦死后，大权掌握在吕后手里，所以列为本纪是对的。秦亡以后，大权掌握在项羽手里，由项羽号令天下，分封诸侯，司马迁将其列为《项羽本纪》是正确的。倘因为项羽没有做皇帝，不能列入本纪，那么吕后也没有称帝，为什么可以列为本纪呢？

春秋鲁僖公四年（前656），齐伐楚，盟于召陵，有《春秋》《左传》《公羊传》《穀梁传》《史记》五种记载。同一事件，记载各有不同，这跟各书的写作目的不同有关。

《春秋》僖公四年：

> 春，王正月，公会齐侯、宋公、陈侯、卫侯、郑伯、许男、曹伯侵蔡，蔡溃，遂伐楚，次于陉……
>
> 楚屈完来盟于师，盟于召陵。

这是《春秋》的记载。《春秋》是鲁国的国史，记事以鲁国为主，又尊重周天子。以鲁国为主，所以把这事记在鲁僖公四年。尊重周天子，所以称“王正月”，王指周惠王。正月，指周朝所颁布历法的正月。以鲁为主，所以称“公会”，即鲁僖公会合诸侯。齐侯即齐桓公，宋公即宋桓公，陈侯即陈宣公，卫侯即卫文公，郑伯即郑文公，许男称呼不详，曹伯即曹昭公。《春秋》的称呼，是按照周天子的封爵称的，鲁国君封公爵，所以称公；齐国君封侯爵，所以称侯；郑国君封伯爵，所以称伯。当时周天子已经号令不行，各国君都自己改称，如齐君称公，陈君也改称公。但《春秋》尊崇周天子，还是按照旧的封爵来称呼。“次于陉”，驻扎在今河南郾城境。屈完，楚大夫，前来结盟。召陵，在今河南郾城东。《春秋》的记事，极简单，类似标题，含有尊崇周天子的意味；它的用词也有含义，见《公羊传》《穀梁传》的说明。

《左传·僖公四年》对这事作了记载，着重在详尽地记录这件事：

四年春，齐侯以诸侯之师侵蔡，蔡溃，遂伐楚。楚子使与师言曰：“君处北海（指北方），寡人（楚子的谦称）处南海（指南方），惟是风马牛不相及也（雌雄相诱称风，马和牛是两种，不会雌雄相诱的）。不虞（料）君之涉吾地也，何故？”管仲对曰：“昔召康公命我先君太公（即姜太公）曰：‘五侯九伯（即公、侯、伯、子、男五等诸侯，九州之长，即诸侯之长），女（汝）实征之，以夹辅周室。’赐我先君履（践履所及的疆界），东至于海，西至于河（黄河），南至于穆陵（在楚地，今湖北麻城西有穆陵山），北至于无棣（在今河北卢龙附近）。尔贡包茅（楚国产的成束的菁茅，是滤去酒糟用的）不入，王祭不共（供，周王祭祀滤酒糟用的菁茅不供给），无以缩酒（滤酒糟），寡人是征（征求）。昭王南征而不复（周昭王往南方渡汉水时，当地人给他一只用胶水胶成的船，船到中流解散，昭王被淹死），寡人是问（责问）。”对曰：“贡之不入，寡君之罪也，敢（岂敢）不共给？昭王之不复，君其问诸水滨（昭王时，汉水一带不归楚君管辖，楚国不能负责）。”师进，次于陉。

夏，楚子（楚成王，周天子封楚君为子爵，因称）使屈完如（往）师。师退，次于召陵。

齐侯陈（排列）诸侯之师，与屈完乘（乘兵

车）而观之。齐侯曰：“岂不谷（诸侯的谦称）是为（诸侯难道是为我而来）？先君之好是继（为了继承先君的友好来的）。与不谷同好何如？（问楚国跟我共同友好怎样？）”对曰：“君惠徼福于敝邑之社稷（您惠临为敝国的国家求福），辱收寡君（承蒙接纳我国国君），寡君之愿也。”齐侯曰：“以此众战，谁能御之？以此攻城，何城不克？”对曰：“君若以德绥（安抚）诸侯，谁敢不服？君若以力，楚国方城以为城（今河南叶县南有方城山），汉水以为池，虽众，无所用之。”屈完及诸侯盟。

《左传》里详尽地记载了齐伐楚盟于召陵的事，要了解这件事实的情况，就要看《左传》。光看《春秋》，好像只看到大事标题，不可能了解具体情况。

《公羊传·僖公四年》也讲这件事，用意又不同。

四年春，王正月，公会齐侯、宋公、陈侯、卫侯、郑伯、许男、曹伯侵蔡，蔡溃。溃者何？下叛上也。国曰溃，邑曰叛。遂伐楚，次于陉。其言次于陉何？有俟也。孰俟？俟屈完也。

楚屈完来盟于师，盟于召陵。屈完者何？楚大夫也。何以不称使？尊屈完也。曷为尊屈完？以当桓公也。其言盟于师、盟于召陵何？师在召陵也。师在召陵，则曷为再言盟？喜服楚也。何言乎喜服楚？楚有王者则后服，无王者则先叛。夷狄也，而亟（多次）病中国（中原）。南夷与北狄交（南夷指楚灭邓国、谷国，北狄指狄灭邢国、卫国，交乱中原），中国不绝若线。桓公救中国，而攘夷狄，卒怗荆（使楚贴服），以此为王者之事也。其言来何？与桓为主也。前此者有事矣（以前齐桓公率领诸侯替邢国、卫国筑城），后此者有事矣（后来齐桓公率领诸侯替杞国筑城），则曷为独于此焉与桓公为主？序绩也。

《公羊传》记同一件事，记得跟《左传》不同。《左传》是记录这件事的经过；《公羊传》主要不在记录这件事的经过，而在说明《春秋》用词的含义、在说明这件事的重大意义。比方《春秋》作“蔡溃”，用“溃”字是什么意思呢？是人民反抗国君，即人民不肯抵抗齐桓公率领诸侯之兵来攻，投向齐桓公这边去了。《春秋》作

"次于陉"，驻扎在陉地，是什么意思呢？是有所等待，等楚国派使人来。楚国派使人屈完来，为什么不称"楚使"，光称"楚屈完"呢？尊重屈完，把他的地位看得跟齐桓公的地位相当，即把他的地位看得像楚成王那样，才可以跟齐桓公相当。为什么作"盟于师、盟于召陵"，用了两个盟呢？表达楚国服从齐桓公而高兴。作"屈完来"是什么意思呢？是赞许以桓公为主，是楚国派人来，不是桓公去，桓公在以前或以后，也率领诸侯替被夷狄侵略的侯国筑城，都不这样记，何以独对这件事这样记呢？赞许桓公为主，做了使楚国服从的工作，记叙他的功劳。这样说，主要不在记叙这件事的经过，主要在说明《春秋》记叙这件事中的用词，都有含意，在说明这种含意。

更重要的，在说明这件事的重大意义。"何言乎喜服楚"？为什么说喜欢楚的服从？"楚有王者则后服，无王者则先叛"。楚国在天下有王者时，别的侯国都服从了，楚国是最后服从；天下没有王者，楚国先起来背叛。王者指有权威使诸侯服从的天子，当时周天子已经没有权威，号令不行，所以楚国先起来背叛。楚国成为南夷，与北狄一起，结合起来侵略中原地区的诸侯，像

春秋战国楚帛书（局部）

楚国灭掉邓国、谷国，北狄灭掉邢国、卫国。当时把楚国看成南夷，跟北狄一致，不承认其是华夏民族。华夏民族建立的侯国被夷狄灭掉，“中国不绝若线”，华夏民族的不灭绝像根线一样，很容易断的。一断，华夏民族建立的侯国，便被夷狄灭亡了，就要受夷狄的奴役了。齐桓公起来挽救中原华夏民族所建立的侯国，排斥夷狄的侵略，使楚服从，这是代替周天子执行王者的事业，这是极力推崇这件事的重大意义。

再看《穀梁传·僖公四年》：

> 四年春，王正月。公会齐侯、宋公、陈侯、卫侯、郑伯、许男、曹伯侵蔡，蔡溃。溃之为言，上下不相得也。侵，浅事也。侵蔡而蔡溃，以桓公为知所侵也。不土其地，不分其民，明正也。遂伐楚，次于陉。遂，继事也。次，止也……
>
> 楚屈完来盟于师，盟于召陵。楚无大夫，其曰屈完，何也？以其来会桓，成之为大夫也。其不言使，权在屈完也，则是正乎？曰，非正也。以其来会诸侯，重之也。来者何？内桓师也。于师，前定也。于召陵，得志乎桓公也。得志者，不得志也。

以桓公得志为仅矣。屈完曰："大国之以兵向楚，何也?"桓公曰："昭王南征不反（返），菁茅之贡不至，故周室不祭。"屈完曰："菁茅之贡不至，则诺。昭王南征不反，我将问诸江。"

《穀梁传》跟《公羊传》相似，主要在解释《春秋》中的用词，但又有不同。《公羊传》主要指出这件事的重大意义，即排斥夷狄的侵略，保护中原华夏所建立的侯国，不至被夷狄所奴役。这个意思，在《左传》和《穀梁传》里都没有。在解释《春秋》用词的意义，《穀梁传》和《公羊传》也不一致。《穀梁传》解释"蔡溃"，"溃之为言，上下不相得也"，即君民的意见不一致，还不认为民背叛君。又说"侵，浅事也"，对"伐"来讲，"侵"比较轻点，即不占领蔡的土地、不掳掠蔡的人民，蔡服了就退兵，说明是合于正道。称"楚屈完"，楚国的官制跟诸夏侯国不同，没有大夫，称"楚屈完"，把他看成诸侯国的大夫。不称"使"，因他有权代表楚国决定一切。这是不是正确?"非正也"，不正确，因为臣子不能自专，所以称为非正。称"屈完来"，是"内桓师也"，以齐桓公的军队为内，屈完归向齐桓公。"于师，前定也”，屈完在齐桓公的军队里结盟，是事前决定的。“于召陵，得志乎桓公也”，屈完在召陵和齐桓公等结盟，见得齐桓公是得意的。“得志者，不得志也。以桓公得志为仅矣”，说齐桓公得意，其实是不得意，齐桓公的得意是很少的。楚国服从了，这是使桓公得意的；但楚成公不来，只派屈完来。屈完责问齐桓公为什么派兵来，齐桓公提出两个理由，屈完只承认一个，对另一个否认，所以认为桓公的得意是很少的。这说明《穀梁传》主要在解释《春秋》中用词的意义，不在记事。他的解释，又跟《公羊传》不一致，所以可与《公羊传》并存。

《史记·齐太公世家》：

> 三十年春，齐桓公率诸侯伐蔡，蔡溃。遂伐楚。楚成王兴师问曰：“何故涉吾地？”管仲对曰：“昔召康公命我先君太公曰：‘五侯九伯，若（汝）实征之，以夹辅周室。’赐我先君履，东至海，西至河，南至穆陵，北至无棣。楚贡包茅不入，王祭不具，是以来责。昭王南征不复，是以来问。”楚王曰：“贡之不入，有之，寡人罪也，敢不共乎！昭

王之出不复，君其问之水滨。”齐师进，次于陉。

夏，楚王使屈完将兵扞齐，齐师退，次召陵。桓公矜屈完以其众，屈完曰：“君以道则可；若不，则楚方城以为城，江、汉以为沟，君安能进乎?”乃与屈完盟而去。

《史记·楚世家》：

十六年，齐桓公以兵侵楚，至陉山。楚成王使将军屈完以兵御之，与桓公盟。桓公数以周之赋不入王室，楚许之，乃去。

《史记》是通史，所以只能根据《左传》来记事，《公羊传》《穀梁传》对《春秋》做解释的话都用不上。《左传》是记春秋时代的编年史，所以记得较详。《史记》是记从黄帝到汉武帝时代的通史，不能记得像《左传》那样详，要加以压缩。《左传》的记事，还要按照《春秋》来记，比方《春秋》称“侵蔡”，《左传》也称“侵蔡”，《史记》就不受这个限制，称“伐蔡”，因为齐桓公率领诸侯的军队攻入蔡国，所以从历史记事的角度，就称“伐蔡”了。再像《左传》称“楚子使与师言曰”，根据《春秋》，楚国被封为子爵，所以称“楚子”，《史记》就称“楚成王”。《左传》里写楚子说的“君处北海”几句话，在《史记》里就省成“何故涉吾地”了。管仲的回答比较重要，所以《史记》里引用较多，但也省去“无以缩酒”句。《左传》里记齐侯对屈完的话，《史记》里节缩为“桓公矜屈完以其众”，从这里可以看出《史记》是怎样压缩的。对屈完的答话，比较重要，又较多地保存着。

这件事，主要是记录在《齐太公世家》里，《楚世家》里只附带记一下，就更简了。《楚世家》里称“侵楚”，用“侵”字，就楚国来说，齐桓公率领诸侯的军队，没有攻入楚国，没有发生战争，所以用“侵”字。就这件事说，主要是管仲责问楚国不向周朝进贡包茅，楚王承认错误，答应进贡，就和齐桓公及诸侯结盟，所以《楚世家》里就记了这件事。又《左传》根据《春秋》，把这件事记在鲁僖公四年。《史记·齐太公世家》以齐为主，所以把这件事记在齐桓公三十年。又《楚世家》以楚为主，所以把这件事记在楚成王十六年。又《史记》所记，可以补《左传》的不足，如《史记》称

“楚成王兴师问曰”，又称“楚王使屈完将兵扞齐”，楚成王是起兵来跟齐桓公对抗的，这点在《左传》里没有记载。

就以上五本书对同一事件的六种记载看，《春秋》的记载类似大事标题或简明的提要，不过在这个标题里的用词都有讲究，一个词都不轻下。这是可供学习的，我们在定标题或提要时，也要学习这种用词的谨严。就记事说，以《左传》为最好。《左传》的记事，不仅最为详尽，更好的是写对话，写楚成王和管仲的对话，楚成王提出“风马牛不相及”，是个很好的比喻。雌雄相诱为风，只有雌马和雄马相诱、雌牛和雄牛相诱，雌雄的牛和马是不相诱的，这话成为名句。管仲的对答，有根据、有理论、有历史知识、结合实际情况，不是一般人能说。再像齐桓公和屈完的对话，即显示齐桓公的骄傲，更显出屈完的坚强不屈，这样写对话是很成功的。

就记录这件事的意义和思想性看说，《公羊传》写得最为深刻。可以从《公羊传》这篇里学习它怎样通过事件来探索其深刻意义。《公羊传》《穀梁传》对《春秋》记事的用词做了深入探索，在这方面，可以供我们作注释和文章赏析的参考，注意对赏析的文章中重要的词做深入的探索，来提高我们的赏析力。对《史记》的两篇说，可供我们在改写和压缩的写法上做些研讨。这样看来，对同一件事的几种不同写法都可供我们探讨。

《礼记·檀弓》篇：

战于郎（春秋鲁邑，在今山东鱼台东北。鲁哀公十一年，齐国攻鲁，鲁与齐军在郎地作战）。公叔禺人遇负杖（兵器）入保（堡垒）者息。曰："使之虽病也（使民劳役虽极困累），任之虽重也（使民纳税虽重），君子不能为谋也，士弗能死也，不可。我则既言矣。"与其邻重（童）汪踦往，皆死焉。鲁人欲勿殇（不以童子礼葬，以成人礼葬）重汪踦，问于仲尼。仲尼曰："能执干戈以卫社稷，虽欲勿殇也，不亦可乎？"

《左传·哀公十一年》：

公叔务人（昭公子）见保（守城堡）者而泣，曰："事充（劳役多），政重（赋税重），上不能谋，士不能死，何以治民？吾既言之矣，敢不勉

> 乎?”……公为与其嬖僮（童）汪锜乘，皆死，皆殡。孔子曰：“能执干戈以卫社稷，可无殇也。”

这是记同一件事的两篇，内容相同，记法也大同小异。前一篇是《檀弓》篇里记的一件事，是完整的。后一篇是《左传》里记“齐鲁清之战”的一大篇中的一个插曲，是从一大篇中摘出来的，所以稍有不同。前一篇是完整地记一件事，所以一开头就交代是什么事，是“战于郎”，当时鲁国人对于“战于郎”这件事都很清楚，所以说“战于郎”就够了，不用说跟谁战，在什么时候战；后一篇是从一大篇中摘出来的，事件发生的时间、地点、原因，在一大篇里都已讲明，所以不用交代，这是两篇的不同处。又两篇所根据的材料来源不同，所记的人名写法有异。如前一篇作“公叔禺人”，后一篇作“公叔务人”，又称“公为”；前一篇作“邻重汪踦”，后一篇作“嬖僮汪锜”，“重”“僮”即“童”，是写法不同，把这个童子（指未成年人）的名字也写得不同。邻指邻居，嬖指嬖爱，也不同。古人写文章，所根据的材料不同，写得也不同。又像“负杖入保者息”，指背着兵器进入堡垒休息的士兵；“保者”指守卫城堡的士兵，也稍有不同。

再看记录的话，前篇作“使之虽病也，任之虽重也”，这里的“使之”“任之”的“之”都指民，即“负杖入保者息”的战士，当时的战士即民。“使”指使用民力，即服劳役；“任”指使民负担，即负担赋税，意义比较明确。后一篇作“事充政重”，用意相同，似不像前一篇明确。前一篇点明“君子不能为谋也，士弗能死也，不可”，这是公叔禺人说的，称“公叔”一定是鲁哀公一族的人，即贵族，即属于君子或士，这就点明他在这次战争中非死不可，表达了甘于牺牲的决心。后一篇作：“上不能谋，士不能死，何以治民？吾既言之矣，敢不勉乎？”用意相同，加上“何以治民”，是为了“治民”而死，这就比前一篇为了谋国卫国而死差一点。这样看来，在记录语言上，前一篇写得更明确、更正确，也更好些。

十　一事而说有异

《朱子语类》卷十一说：

凡看文字，诸家说有异同处，最可观。谓如甲说如此，且捋扯住甲，穷尽其词；乙说如此，且捋扯住乙，穷尽其词。两家之说既尽，又参考而穷究之，必有一真是者出矣。

一事而说有异，可以比较。《左传·成公五年》：

五年春，原、屏放诸齐（赵婴兄赵原、赵屏因赵婴与赵庄姬私通，放逐赵婴到齐国去）。婴曰：“我在，故栾氏不作（晋国贵族栾氏不作乱）。我亡，吾二昆其忧哉（我流放出去，二兄赵原、赵屏会受害）！且人各有能有不能（指自己虽淫而能保护两兄），舍我，何害?”弗听。婴梦天使谓己：“祭余，余福女（汝）。”使问诸士贞伯。贞伯曰：“不识也。”既而告其人，曰：“神福仁而祸淫，淫而无罚，福也，祭，其得亡乎（认为神会使淫的人得祸，祭神也会得到流亡）?”祭之，之明日而亡（流放）。

又八年：

晋赵庄姬为赵婴之亡故，谮之于晋侯，曰：“原、屏将为乱。栾、郤为征（晋国贵族栾氏、郤氏可作证）。”六月，晋讨赵同、赵括，武从姬氏畜于公宫（赵武，赵庄姬之子；庄姬，晋成公女）。以其田与祁奚。韩厥言于晋侯曰：“成季（赵衰）之勋，宣孟（赵盾）之忠，而无后，为善者其惧矣。三代（夏商周）之令（贤）王，皆数百年保天之禄。夫岂无辟王（邪僻之王），赖前哲以免也。《书》（《康诰》）曰：‘不敢侮鳏寡’，所以明德也。”乃立武而反（返）其田焉。

《史记·晋世家》：

十七年，诛赵同、赵括，族灭之。韩厥曰：“赵衰、赵盾之功岂可忘乎？奈何绝祀。”乃复令赵庶子武为赵后，复与之邑。

《史记·赵世家》：

屠岸贾者，始有宠于（晋）灵公，及至于（晋）

景公而贾为司寇，将作难，乃治灵公之贼以致赵盾，遍告诸将曰：“盾虽不知，犹为贼首。以臣弑君（晋灵公无道，赵盾进谏，灵公要杀他，他在卫士的保护下逃跑了。他手下的赵穿杀了灵公，他回来没有办赵穿弑君之罪。晋国的太史记下了‘赵盾弑其君’，因为他的逃跑没有逃出晋国，他又不办赵穿罪，所以写他弑君），子孙在朝，何以惩罪？请诛之。”韩厥曰：“灵公遇贼，赵盾在外，吾先君以为无罪，故不诛。今诸君将诛其后，是（此）非先君之意而今妄诛。妄诛谓之乱。臣有大事而君不闻，是无君也。”屠岸贾不听。韩厥告赵朔趣亡（快逃走），朔不肯，曰：“子（你）必不绝赵祀，朔死不恨。”韩厥许诺，称疾不出。贾不请（不向晋君请示）而擅与诸将攻赵氏于下宫，杀赵朔、赵同、赵括、赵婴齐，皆灭其族。赵朔妻（晋）成公姊（当作女），有遗腹，走公宫匿。

赵朔客曰公孙杵臼，杵臼谓朔友人程婴曰：“胡不死？”程婴曰：“朔之妇有遗腹，若幸而男，吾奉之；即女也，吾徐死耳。”居无何，而朔妇免身，生男。屠岸贾闻之，索于宫中。夫人置儿绔中，祝曰："赵宗灭乎，若号（汝啼哭）；即不灭，若无声。"及索，儿竟无声。已脱，程婴谓公孙杵臼曰："今一索不得，后必且复索之，奈何？"公孙杵臼曰："立孤与死孰难？"程婴曰："死易，立孤难耳。"公孙杵臼曰："赵氏先君遇子厚，子强为其难者，吾为其易者，请先死。"乃二人谋，取他人婴儿负之，衣以文葆（抱被），匿山中。程婴出，谬谓诸将军曰："婴不肖，不能立赵孤。谁能与我千金，吾告赵氏孤处。"诸将皆喜，许之，发师随程婴攻公孙杵臼。杵臼谬曰："小人哉程婴！昔下宫之难，不能死，与我谋匿赵氏孤儿，今又卖我，纵不能立，而忍卖之乎！"抱儿呼曰："天乎天乎！赵氏孤儿何罪？请活之，独杀杵臼可也！"诸将不许，遂杀杵臼与孤儿。诸将以为赵氏孤儿良（确实）已死，皆喜。然赵氏真孤，乃反在，程婴卒与俱匿山中。居十五年，晋景公疾，卜之，大业之后不遂者为祟。景公问韩厥，厥知赵孤在，乃曰："大业之后在晋绝祀者，其赵氏乎？……今吾君独灭赵宗，国人哀之，故见龟策，唯君图之。"景公问："赵尚有后子孙乎？"韩厥具以实告。于是景公乃与韩厥谋，

> 立赵孤儿，召而匿之宫中。诸将入问疾，景公因韩厥之众以胁诸将而见赵孤，赵孤名曰武。诸将不得已，乃曰："昔下宫之难，屠岸贾为之，矫以君命，并命群臣。非然，孰敢作难。微（无）君之疾，群臣固且请立赵后。今君有命，群臣之愿也。"于是召赵武、程婴遍拜诸将，遂反与程婴、赵武攻屠岸贾，灭其族。复与赵武田邑如故。

按照《左传》所说，鲁成公四年（前587），晋国的赵婴跟赵庄姬私通，赵庄姬即赵朔的妻子，赵朔谥庄，故他的妻称庄姬，那时赵朔当已死。成公五年，赵婴的两兄赵原、赵屏，即赵同、赵括，因赵婴和庄姬通奸，把赵婴放逐到齐国去。成公八年，赵庄姬因赵同、赵括把赵婴放逐出去，即向晋景公诬告赵同、赵括要造反。庄姬是晋成公女，晋景公是她的兄或弟，所以她可以向晋景公诬告。晋景公听了，杀了赵同、赵括。赵武是赵朔和庄姬所生，晋景公是赵武之舅。赵朔已死，赵婴被放逐，赵同、赵括被杀，所以庄姬回到娘家，其子赵武就住在晋景公宫中。赵同、赵括被杀后，赵家的田产没收，分给祁奚。韩厥对晋景公说，赵家像赵衰、赵盾父子对晋国有功，不该没收他家产业，于是立赵武，把赵家的田产还给他。照《左传》所讲，那么在成公四年赵武早已出生。《左传》写成公八年，晋杀赵同、赵括，又把赵家的产业分给赵武。据杨伯峻先生《春秋左传注》："据《赵世家》韩厥劝晋景公复立赵武，应在两年后晋景公患病时。"即在晋景公十年时。据《赵世家》晋景公复立赵武时，赵武已十五岁，即晋景公十年，赵武十五岁。那么晋景公八年，晋杀赵同、赵括时，赵武已十三岁。这就跟《赵世家》讲的保护赵氏孤儿的说法不同。照《赵世家》说，赵同、赵括被杀时，赵武还是在庄姬腹内的遗腹子，说赵朔也在那时被杀，就跟《左传》讲的内容不一样了。

《左传·成公八年》"（赵）武从（庄）姬氏畜于公宫"句下，孔颖达疏称:《史记·赵世家》又称：有屠岸贾者，有宠于灵公，此时为司寇，追论赵盾弑君之事，诛赵氏，杀赵朔、赵同、赵括而灭其族。案二年传，栾书将下军，则于时朔已死矣。同、括为庄姬所谮，此年见杀，赵朔不得与同、括俱死也。于时晋君明，诸臣强，无容有屠岸贾辄厕其间，得如此专恣。又说云，公孙杵臼取他儿代武死，程婴匿武于山中，居十五年，因晋侯有疾，韩厥乃请立武为赵氏后，与《左传》皆违。马迁妄说，不可从也。

孔颖达在疏里对《史记·赵世家》里讲赵氏孤儿的事作了辨别考证，证明是司马迁妄说，不可从。这是对的。不过司马迁在《赵世家》里讲的赵氏孤儿的故事，一定是有所据的，可能是民间的传说。这种民间传说，不一定合于历史真实，是民间借古喻今的一种创作。这种创作，借赵家被屠杀的故事，集中概括了封建统治阶级残酷屠杀忠良的罪行，也塑造了救护忠良后嗣、甘于牺牲的义士。因此，元代纪君祥根据赵氏孤儿的传说，创作了《赵氏孤儿》杂剧，成为传世的名作。

十一　一人而传有同异

《史记》和《汉书》中有关汉朝人物的传记，《汉书》往往根据《史记》中的传记再加改定，《汉书》中所改往往不如《史记》，这在前面已讲到了。但《汉书》中的传记，也有胜过《史记》的。这跟上面讲“立体的懂”里讲“部次条别之法”有关。如贾谊，《史记》列在《屈原贾生列传》里，把屈原和贾谊两个合传。司马迁写这篇合传的用意，因为屈原和贾谊，都是“信而见疑，忠而被谤”，都被贬谪，又都以辞赋著名，所以在两人传里都录了他们所著的辞赋，这是按照他的“部次条别之法”来这样编成合传的。班固在《汉书》里替贾谊立了专传，不仅因为屈原是战国时代人，不能收入《汉书》，更因为班固替贾谊立专传，认为贾谊除了“信而见疑，忠而被谤”被贬谪及是著名的辞赋家，还有很杰出的成就。对这些很杰出的成就，《史记》没有给予应有的叙述，《汉书》却作了充分的发挥。在这方面，《汉书》就超过《史记》了。

《汉书·贾谊传》称：“是时匈奴强，侵边。天下初定，制度疏阔。诸侯王僭儗，地过古制，淮南、济北王皆为逆诛。谊数上疏陈政事，多所欲匡建。”这是总说当时的形势和存在的问题，针对当时存在的各种大问题，贾谊提出解决的措施，使他成为一位杰出的政论家。下面引了他的陈政治疏。就重要的说，有治安策。指出封建诸侯国的弊病，“下数被其殃，上数爽其忧（因侯国差错造成忧患），甚非所以安上而全下也”。因侯国的叛乱而祸国殃民。他建议：“欲天下之治安，莫若众建诸侯而少其力。所谓力少则易使以义，国少则无邪心。”主张让侯国把国土分封他们的诸子，国分得小了，就可避免叛乱了。又指出“天下之势方倒悬”，“足反居上，首领居下”。指出匈奴侵掠，汉反“岁致金絮采缯以奉之”，即匈奴居上，汉居下。他提出制服匈奴的策略。又指出“商君遗礼义，弃仁恩”，“秦俗日败”，沿袭到汉朝，“今世以侈靡相竞，而上无制度，弃礼义，捐廉耻”，“逐利不耳，虑非顾行也”。他因此提出“移风易俗，使天下回心而向道”的主张。又提倡学校，指出“帝入东学，上亲而贵仁”，“帝入南学，上齿而贵信”，“帝入西学，上贤而贵德”，“帝入北学，上贵而尊爵”，“帝入太学，承师问道”，“此五学者既成于上，则百姓黎民化辑于下矣”。又主张以礼义为治，称：“夫礼者禁于将然之前，而法者禁于已然之后。”“礼云礼云，贵绝恶于未萌，而起敬于微眇，使民日迁善远罪而不自知也。”“道之以德教者，德教洽而民气乐；驱之以法令者，法令极而民风哀。哀乐之感，祸福之应也。”他针对当时存在的危机和问题，提出的各种解决办法，是有深识远见的。这些远见卓识，《汉书》里做了详尽的记载，《史记》里却因限于“部次条别之法”没有作详尽的记载，这是《史记》不如《汉书》的地方。

十二　事异而记法同

钱锺书先生《管锥编》：

“楚子登巢车，以望晋军。子重使太宰伯州犁侍于王后。王曰：‘骋而左右，何也？’曰：‘召军吏也。’‘皆聚于中军矣。’曰：‘合谋也。’‘张幕矣。’曰：‘虔卜于先君也。’‘彻幕矣。’曰：‘将发命也。’‘甚嚣，且尘上矣。’曰：‘将塞井夷灶而为行也。’‘皆乘矣。左右执兵而下矣。’曰：‘听誓也。’‘战乎？’曰：‘未可知也。’‘乘而左右皆下矣。’曰：‘战祷也。’”按不直书甲之运为，而假乙眼中舌端出之！纯乎小说笔法矣。……甲之行事，不假乙之目见，而假乙之耳闻亦可，如迭更司小说中描写选举，从欢呼声之渐高知事之进展，其理莫二也。西方典籍写敌家情状而手眼与左氏相类者，如荷马史诗中特洛伊王登城望希腊军而命海伦指名敌师将领，塔索史诗中回教王登城望十字军而命爱米妮亚指名敌师将领，皆脍炙人口之名章佳作。然都无以过于《元秘史》卷七中一节者，足使盲丘明失色而盲荷马却步也，兹撮录之。“成吉思汗整治军马排阵了，乃蛮军马却退至纳忽山崖前，缘山立住。彼时札木合亦在乃蛮处。塔阳问：‘那赶来的如狼将群羊直赶至圈内，是甚么人？’札木合说：‘是我帖木真安答用人肉养的四个狗，……如今放了铁索，垂涎着欢喜来也。……’塔阳说：‘似那般呵，离得这下等人远者。’遂退去跨山立了。又问：‘那后来的军，如吃乳饱的马驹绕他母喜跃般来的是谁？’札木合说：‘他是将有枪刀的男子杀了剥脱衣服的……二种人。’塔阳说：‘既如此，可离的这下等人远者。’又令上山去立了。又问：‘随后如贪食的鹰般当先来的是谁？’札木合道：‘是我帖木真安答浑身穿着铁甲。……你如今试看。’塔阳说：‘可惧！’又令上山立了。又问：‘随后多军马来的是谁？’札木合说：‘是诃额仑母的一个儿子，……吞一个全人呵，不勾点心。……大拽弓射九百步，小拽弓五百步。……’塔阳说：‘若那般呵，咱可共占高山上去了。’又问：‘那后来的是有谁？’札木合说：‘是诃额仑最少的子……’于是塔阳遂上山顶立了”。有问则退，随对而退，每退愈高，叙事亦如羊角旋风之转而益上。言谈伴以行动，使叙述之堆垛化为烟云，非老于文学者安能辨是?《左传》等相形遂嫌铺叙平板矣。

按《左传》写的，把晋军战前的一切活动布置，都通过楚王眼中看到，伯州犁口中说出，使后来的人知道。这是很难得的资料。再看《元秘史》写的，成吉思汗军马的活动，通过乃蛮的塔阳问、札木合答来表达。在问答中，不光问成吉思汗的军马怎样行动，还用了比喻，如“狼将羊群直赶至圈内”“用人肉养的四个狗”“如吃乳饱的马驹绕他母喜跃般来的”，用了这样的比喻，加强了形象性，更显得鲜明生动了。

十三　内容异而首尾呼应同

钱锺书先生《管锥编》：

楚子欲辱晋，“大夫莫对，薳启强曰：‘可！苟有其备，何故不可?……未有其备，使群臣往遗之禽，以逞君心，何不可之有?”……首言有备则可，中间以五百余字敷陈事理，末言无备则必不可，而反言曰“何不可”，阳若语绍，阴则意违。此节文法，起结呼应衔接，如圜之周而复始。《中庸》“道之不行也，我知之矣”一节，结云“道其不行矣夫!”首尾钩连；以断定语气始，以疑叹语气终，而若仍希冀于万一者，两端同而不同，弥饶姿致。若《大学》“故君子必慎其独也”节，《乡饮酒义》“吾观于乡而知王道之易易也”节。《公羊传》桓公二年“孔父可谓义形于色矣”节，僖公十年“荀息可谓不食其言矣”节，庄公十二年“仇牧可谓不畏强御矣”节，《战国策·赵策》三“胜也何敢言事”节，首句尾句全同，重言申明，此类视《左传》《中庸》，便苦板钝。如《檀弓》曾子怒曰：“商，汝何无罪也！……而曰尔何无罪欤?”《穀梁传》僖公十年，“里克所为杀者，为重耳也。夷吾曰：‘是又将杀我乎?’……故里克所为弑者，为重耳也。夷吾曰：‘是又将杀我也’”，此类掉尾收合，稍出以变化，遂较跌宕。《孟子·梁惠王》章孟子对曰：“王何必曰利？亦有仁义而已矣。……王亦曰仁义而已矣，何必曰利!”回环而颠倒之，顺下而逆接焉，兼圆与叉（见《毛诗》卷论《关雎》五），章法句法，尤为致密。试拈《楚策》三陈轸曰：“舍之，王勿据也；以韩侈之智，于此困矣。……舍之，王勿据也；韩侈之智，于此困矣。”顺次呼应，与《孟子》相形，风神大减。……《左传》《孟子》《中庸》《穀梁传》诸节，殆如腾蛇之欲化龙者矣。

钱先生在这里指出“兼圆与叉”。“圆”指首尾呼应，作圆形；“叉”指首与尾的呼应又有些参差，不完全相同，称“丫叉句法”。如《史记·老子传》：“鸟，吾知其能飞；鱼，吾知其能游；兽，吾知其能走；走者可以为网，游者可以为纶，飞者可以为矰。”前面讲飞、游、走，下面承接成了走、游、飞，跟前面不一致，这即指丫叉句法。这里讲的首尾要呼应是“圆”，呼应的话又要有些不一致是“叉”，兼圆与叉，才有风神，有圆而无叉，风神大减。钱先生指出这点，是值得加以体会的。像《左传》里楚子欲辱晋，薳启强认为有备则可，无备则不可，反说“何不可”，这就跟开头说可丫叉了。这样丫叉，才符合薳启强的真情实感，倘开头说可，结束也说可，就不符合他的情意了。再像《中庸》，

“子曰：‘道之不行也，我知之矣。知者过之，愚者不及也。……’子曰：‘道其不行矣夫’”，开头的话用肯定句，结尾的话用感叹句，从肯定到感叹，才真切地表达了孔子的心情，倘再用肯定句，就不能表达孔子的感叹了。再像《孟子·梁惠王》所记，王问何以利吾国，孟子针对王问利来说，所以说“王何必曰利，亦有仁义而已矣”。先提利，后提仁义。接着说明仁义的重要，经过说明，孟子认为梁惠王应该认识到仁义的重要了，所以结尾说：“王亦曰仁义而已矣，何必曰利？”先提仁义，后提利，只有这样说，才符合孟子的想法。因此，兼圆与叉才符合人物的真实感受。

十四　拟分类状物而有变化

韩愈的《画记》被推为摹仿《周礼·考工记》和《尚书·顾命》而出以变化的成功之作。先看《考工记·梓人》：

> 梓人为笋虡（木工做挂乐器的架子）。天下之大兽五：脂者（牛羊类），膏者（豕类），裸者

（虎豹等毛短的），羽者（鸟类），鳞者（龙蛇类）。宗庙之事，脂者、膏者以为牲（用牛、羊、豕作三牲来祭）。裸者、羽者、鳞者以为笋虡（把虎豹、鸟、龙、蛇等刻在挂钟的木架上）。

外骨（龟类），内骨（鳖类，因甲外有肉故称）；却行（蚰蜒），仄行（蟹类），连行（鱼类），纡行（蛇类）；以脰鸣者（蛙用项鸣），以注鸣者（蟋蟀），以旁鸣者（蝉），以翼鸣者（甲虫），以股鸣者（一种虫），以胸鸣者（蜥蜴），谓之小虫之属，以为雕刻（把各种小虫刻在祭器上）。（《周礼》卷四一）

这里先是分类，分为大兽和小虫。大兽再分为五，称“脂者，膏者”等。把小虫再分为三：一种以骨分，分外骨、内骨；一种以行分，分却行、仄行等；一种以鸣分，分以脰鸣、以注鸣等。这篇就是这样分类的。此外是状物，如脂者、膏者是状物，说外骨、内骨，却行、仄行，等等也是状物。

又《顾命》：

一人冕（戴礼帽）执刘（大斧类），立于东堂；一人冕执钺（大斧），立于西堂；一人冕执戣（戟属），立于东垂（边）；一人冕执瞿（戟属），立于西垂；一人冕执锐（矛属），立于侧阶。（《尚书》卷六）

韩愈的《画记》就是仿照《梓人》和《顾命》写的，但写得有变化，所以成功：

杂古今人物小画共一卷。骑而立者五人，骑而被甲载兵立者十人，一人骑执大旗前立，骑而被甲载兵行且下牵者十人，骑且负者二人，骑执器者二人，骑拥田犬者一人……徒而驱牧者二人，坐而指使者一人，甲胄手弓矢铁钺植者七人，甲胄执帜植者十人，负者七人，偃寝休者二人，……妇人以孺子载而可见者六人，载而上下者三人，孺子戏者九人。凡人之事三十有二焉，人大小百二十有三，而莫有同者焉。

马大者九匹，于马之中，又有上者、下者、行者、牵者、奔者、涉者、陆者、翘者、顾者、鸣者、寝者、讹者、立者、龁者、饮者、溲者、陟者、降者、痒磨树者、嘘者、嗅者、喜而相戏者、怒而相踶啮者、秣者、骑者、骤者、走者、载服物者、载狐兔者。凡马之事二十有七，为大小八十有三，而莫有同者焉。(《韩昌黎集》卷一三上)

这篇《画记》主要是记人和马，下面还有记牛、橐驼、驴、犬、羊、狐、兔、麋鹿，记旃车、记弓矢等兵器、记瓶盂等器物，比较次要，就不引原文了。先看记人，分为好多种，用“者”字来分，再记人数，如“骑而立者五人”等。这样写，仿照《顾命》。《顾命》是先写人数，再写执什么兵器，再写立在何处。《画记》里记人，先写人怎样活动，如“骑而立者”，再写人数，如“五人”。《画记》里把人的活动分为多少种，像“骑而被甲载兵立”“骑且负”“骑执器”等，每种后加“者”字来做区别，这就跟《顾命》的写法有不同。这种不同，由《顾命》里写人的活动简单，到《画记》里写人的活动复杂，是适应内容的不同来变的。不仅这样，《画记》里记人物的活动，为了避免呆板，写法也有变化，如其中的“一人骑执大旗前立”，这句的写法就跟上下文不同，要是改作“骑而执大旗前立者一人”，就和上下文一致了。作者在这里有意改变写法，避免呆板。正由于这样写，仿照《顾命》而又有变化，不是单纯的摹仿了。

再看写马的部分，写出马的各种形态，用“上者、下者、行者、牵者”等，用“者”字来分别各种形态，这是仿照《梓人》的“脂者、膏者、裸者”等的写法。《梓人》这样写比较简单，《画记》里写马的各种形态就比较复杂。再说，《画记》里记人和马都有个总结，如“凡人之事三十有二焉，人大小百二十有三”，记马也有类似的记法，这又是结合画的特点，不同于《梓人》的记法。因有这样的变化，就使这篇《画记》虽有摹仿又有变化，使它成为成功之作。

十五　拟对问自解而有创见

《文心雕龙·杂文》篇称：

> 宋玉含才，颇亦负俗，始造“对问”，以申其志。……自对问以后，东方朔效而广之，名为《客

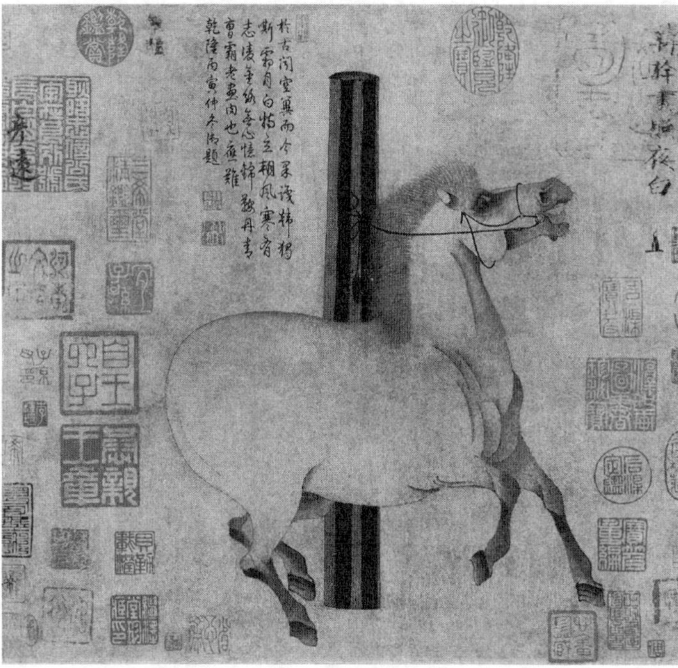

唐　韩幹　照夜白（局部）

难》，托古慰志，疏而有辨。扬雄《解嘲》，杂以谐谑，回环自释，颇亦为工。班固《宾戏》，含懿采之华；崔骃《达旨》，吐典言之裁。

自从宋玉作了《对楚王问》，通过一问一答来申说自己的志愿以后，人家就纷纷仿效。东方朔仿作《答客难》，扬雄仿作《解嘲》，班固仿作《答宾戏》，这四篇都选在萧统的《文选》里，被认为是较好的。后来的仿作，像《杂文》篇里讲的崔骃《达旨》、张衡《应间》、崔寔《答讥》、蔡邕《释诲》、郭璞《客傲》、曹植《客问》、庾敳《客咨》，都没有选进《文选》。就这选进《文选》的四篇看，后三篇是不是虽摹仿而也有创新呢？

先看宋玉《对楚王问》：

楚襄王问于宋玉曰："先生其有遗行与？何士民众庶不誉之甚也？"宋玉对曰："唯！然，有之。愿大王宽其罪，使得毕其辞。客有歌于郢中者，其始曰《下里》《巴人》，国中属而和者数千人。其为《阳阿》《薤露》，国中属而和者数百人。其为《阳春》《白雪》，国中属而和者数十人。引商刻羽，杂以流征，国中属而和者数人而已。是其曲弥高，其和弥寡。”

宋玉用音乐来比，认为低级的音乐《下里》《巴人》，和着唱的有数千人；中级的《阳阿》《薤露》，和着唱的有数百人；高级的《阳春》《白雪》，和着唱的不过数十人。更高级的歌，和着唱的不过数人而已。接下去他自比凤凰，在高天飞翔，把群众比作小雀，其是不可能了解凤凰的。这篇是高自称许，用来贬低群众。但因为他用问答体来写，通过别人问自己答来表达自己的志愿，这种体裁对后来很有影响，所以被肯定。

再看东方朔的《答客难》：

客难东方朔曰：“苏秦、张仪，一当万乘之主，而都（居）卿相之位，泽及后世。今子大夫修先王之术，慕圣人过义，……自以智能，海内无双，……官不过侍郎，位不过执戟，意者尚有遗行邪……”东方先生喟然长息，仰而应之曰：“……彼一时也，此一时也，岂可同哉？夫苏秦、张仪之时，……并为十二国，未有雌雄，得士者强，失士

> 者亡，故谈说行焉。……今则不然，圣帝德流，天下震慑……贤与不肖，何以异哉？……上下和同，虽有贤者，无所立功。故曰时异事异。虽然，安可以不务修身乎哉！”

东方朔仿照宋玉的一篇写的，内容变了，认为时代不同，士人的遇与不遇也不同了。在战国时代，各国君主急于求贤，故士人可以一说而得卿相的位子。到了大一统时代，上下和同，虽有贤才，无所立功，只能处在下位，但还应该修身。这篇虽用一问一答来表达自己的见解，内容却是全新的，不是摹仿，是创作，所以是成功的。

再看扬雄的《解嘲》：

> 客嘲扬子曰：“吾闻上世之士，……生则上尊人君，下荣父母，……纡青拕紫，朱丹其毂。今子幸得遭明盛之世，处不讳之朝，……然而位不过侍郎，擢才给事黄门。意者玄得毋尚白乎？（扬雄著《太玄》，玄是黑，有人认为《太玄》无用，所以说玄得无尚白吗？）何为官之拓落也？”扬子笑而应之

> 曰："客徒朱丹吾毂，不知一跌将赤吾之族也。"

以上也讲时代不同，战国时"得士者富，失士者贫"，所以士子得意。到了汉朝大一统，"高得待诏，下触闻罢，又安得青紫"。命意跟《答客难》相似。不过在文辞上有可取处。如说："客徒朱丹吾毂，不知一跌将赤吾之族也。"朱丹指红色，车子漆红色，指官高。从红转到赤，从赤变到赤族，即灭族，用了双关格。再像说大一统时，人才多一些少一些都无所谓，作"乘（四）雁集不为之多，双凫飞不为之少"，工于用比喻格。又全篇用了不少典故，即工于用对偶格、引用格，在这些方面有特色，所以也是被肯定的。

再看班固的《答宾戏》：

> 宾戏主人曰："……太上有立德，其次有立功。夫德不得后身而特盛，功不得背时而独章……由此言之，取舍者昔人之上务，著作者前列之余事耳。今吾子幸游帝王之世，躬带冕之服，……卒不能摅首尾，奋翼鳞，……徒乐枕经籍书，纡体衡门，……意者，且运朝夕之策，定合会之计，使存

有显号，亡有美谥，不亦优乎?”主人逌（音攸，宽舒貌）尔而笑曰：“若宾之言，斯所谓见势利之华，暗道德之实，守窔奥之荧烛，未仰天庭而睹白日也。”

接下来也讲时世不同，显晦不一，跟彼一时、此一时的说法一致，但有新的提法。即指出战国时取得富贵的人，“朝为荣华，夕为憔悴，福不盈眥，祸溢于世，凶人且以自悔，况吉士而是赖乎”。于是宾第二次提问：“敢问上古之士，处身行道，辅世成名，可述于后者，默而已乎?”主人提出有德有能的人建功立德，“用纳乎圣德，烈炳乎后人”。这篇有新的提法：一是客人提问两次，主人回答两次，打破以前的只限于一问一答；二是指出战国时的立谈取卿相靠不住，要功德并重才可靠。有这两个新变，所以是好的。

再看韩愈的《进学解》：

国子先生晨入太学，招诸生立馆下，诲之曰：“业精于勤，荒于嬉；行成于思，毁于随。……诸生业患不能精，无患有司之不明；行患不能成，无

> 患有司之不公。"言未既，有笑于列者曰："先生欺余哉！弟子事先生于兹有时矣。先生口不绝吟于六艺之文，手不停披于百家之编。记事者必提其要，纂言者必钩其玄。……先生之于业，可谓勤矣。抵排异端，攘斥佛、老。补苴缺漏，张皇幽眇。寻坠绪之茫茫，独旁搜而远绍。障百川而东之，回狂澜于既倒。先生之于儒，可谓劳矣。沉浸浓郁，含英咀华；作为文章，其书满家。上规姚、姒（姚，舜姓；姒，禹姓，指《尚书》中的虞书、夏书），浑浑无涯；周诰、殷盘（《尚书》中的周书、商书），佶屈聱牙；《春秋》谨严，《左氏》浮夸；《易》奇而法，《诗》正而葩；下逮《庄》《骚》，太史所录。子云、相如，同工异曲。先生之于文，可谓宏其中而肆其外矣。……然而公不见信于人，私不见助于友，跋前踬后，动辄得咎。……头童齿豁，竟死何裨？不知虑此，而反以教人为？"

上面先生提出人的才能有大小，他的才能小，"投闲置散，乃分之宜"。用来解答弟子的提问，借弟子的提问来发牢骚。

这篇《进学解》，跟《答客难》《解嘲》等文比，又有新创。一是先由国子先生勉励学生勤学力行，一定有前途，然后引出学生的嘲笑。这跟以前各篇一开头就有客人嘲笑不同。二是以前各篇大都从彼一时、此一时，时代不同立论；这篇从人的才能有大小立论，命意不同。三是以前各篇或从立德立功方面立论；这篇突出国子先生即韩愈在理论上、文学上的杰出成就。在理论上即宣扬儒家学说来排斥佛教、道教，在文学上突出的是推重《庄子》《史记》。在韩愈以前，刘勰的《文心雕龙》评论诸子散文，不突出《庄子》，评论史传文学，不突出《史记》；刘知幾《史通》评论史书，推重《汉书》而贬低《史记》；到了韩愈，才突出《庄子》《史记》的杰出成就。钱锺书先生《管锥编》特别推重，称："韩愈《进学解》'下逮《庄》《骚》，太史所录'，《送孟东野序》复以庄周、屈原、司马迁同与'善鸣'之数，……文章具眼，来者难诬，以迄今兹，遂成公论。"《进学解》提出："沉浸浓郁，含英咀华。""子云、相如，同工异曲。"清代刘开《与阮芸台宫保（元）论文书》称"韩退之取相如之奇丽，法子云之宏肆，故能推陈出新，征引波澜，铿锵金石，以穷极声色……宋诸家叠出，乃举而空之，……于是文体薄弱，无复沉浸浓郁之致，瑰奇壮伟之观”。这里指出韩愈论文讲究沉浸浓郁的突出成就。《进学解》仿照《答客难》《解嘲》，其中提出这三点来立论的突出成就，是以前这类文章所没有的，所以它是有创新的名文。

十六　对问与七事分叙的因袭与创新

同样仿照对问和列举几件事来分别叙述，有的是因袭，有的是创新，关键在内容和命意上。钱锺书先生《管锥编》：“枚乘命篇，实类《招魂》《大招》，移招魂之法，施于疗疾，又改平铺而为层进耳。”先看《楚辞·招魂》：

> 帝告巫阳曰：“有人在下，我欲辅之，魂魄离散，汝筮予之。”巫阳对曰：“掌梦，上帝其命难从，若必筮予之，恐后之谢，不能复用巫阳焉。”

上帝要巫阳去招魂，先占卜一下魂在何处，再去招。巫阳说招魂是掌梦管的，上帝要他先占卜，这个命令难从，因怕后来的人只求占卜，不能再用巫阳了，因此就去招魂。这一段即两人对话。下面讲招魂，向东、南、西、北四方招魂，再要魂返故居，说故居堂榭怎么好；再讲室内有多少美女怎样好；再写那里的饮食怎样美好；那里的音乐歌舞怎样美好；最后讲到梦泽中去打猎怎样好。钱先生认为枚乘《七发》讲两人对问列举七件事来分别叙说，就是从《招魂》来的。

枚乘《七发》："楚太子有疾，而吴客往问之曰：'伏闻太子玉体不安，亦少间乎？'太子曰：'惫，谨谢客。'"从两人一问一答开头。下面分事来写，一事讲音乐的美妙，"'太子能强起听之乎？'太子曰：'仆病未能也'"。二事讲各种美味，太子也未能起尝；三事讲骑射的好处，太子也未能去骑；四事讲游观景物及观赏歌舞，太子也未能观赏；五事讲打猎，太子有起色；六事讲观海涛，太子未能起观；七事讲请方术之士来讲要言妙道，太子起来，"霍然病已"。这篇《七发》，分七事来启发太子，其中列举音乐、美味、骑射、游观、打猎等，跟《招魂》的写法有相似处。钱先生指出《招魂》列举各种美好事物是平铺，《七发》改为层进，如听了讲打猎，太子有起色，即进了一步；听了要言妙道而病愈，更进了。《七发》虽仿照《招魂》，从招魂改为治病，从平铺改为层进，内容也有不同，像《七发》中讲观涛一节，极为精彩，是全新的。因此《七发》是属于创新的名篇。

枚乘创作《七发》后，摹仿《七发》的不少，收在《文选》里的有曹植《七启》、张协《七命》两篇。《七启》写玄微子在隐居，镜机子去看他，下面分叙七事：一事讲美味，“玄微子曰：‘予甘藜藿，未暇此食也’”；二事讲服饰，“玄微子曰：‘予好毛褐，未暇此服也’”；三事讲打猎，“玄微子曰：‘予乐恬静，未暇此观也’”；四事讲宫馆园林，“玄微子曰：‘予耽岩穴，未暇此居也’”；五事讲音乐歌舞，“玄微子曰：‘予愿清虚，未暇此游也’”；六事讲游使，玄微子称善；七事讲圣道，玄微子兴起，“愿返初服，从子而归”，不再隐居了。

再看张协《七命》，写冲漠公子在隐居，殉华大夫去看他，下面也分叙七事。一事讲音乐，要公子去听，“公子曰：‘余病未能也’”；二事讲宫观园林，要他去住。“公子曰：‘余病未能也’”；三事讲打猎，要他参加，“公子曰：‘余病未能也’”；四事讲宝剑，要他佩带，“公子曰：‘余病未能也’”；五事讲骏马，要他去驾驭，“公子曰：‘余病未能也’”；六事讲美味，“公子曰：余病未能也”；七事讲太平德化，“公子蹶然而兴”，“请寻后尘”，跟着大夫走了。

这两篇虽然选入《文选》，从一问一答到分列七事来叙述，但列举的内容和设想，摹仿的痕迹太显，都不成为成功之作。真正成为成功之作的，当推柳宗元的《晋问》：

> 吴子问于柳先生曰：“先生晋人也，晋之故宜知之。”曰：“然。”“然则吾愿闻之，可乎?”曰：“可。”

接下来讲晋之山河，表里险固，为一事。吴子认为“表里山河，备败而已，非以为荣观”，“愿闻其他”。先生讲晋之金铁，甲坚而刃利，为二事。吴子认为“夫兵之用，由德则吉”，“况徒以坚甲利刃之为上哉”！先生讲晋之名马其强可恃，为三事。吴子认为“恃险与马”不可以为固，“请置此而新其说”。先生讲晋之北山，其木材可取，为四事。吴子称君子“不患材之不己有”，以材为不足患。先生讲晋之河鱼，可为伟观，为五事。

吴子以为“一时之观，不足以夸后世”，“姑欲闻其上者”。先生讲晋之盐宝，可以利民，为六事。吴子曰：“此可以利民矣，而未为民利也。”先生曰：“愿闻民利。”吴子曰：“安其常而得所欲，服其教而便于己，……所谓民利，民自利者也。”先生言晋文公霸业之盛，“推德义，立信让”，“其遗风尚有存者。若是可以为民利也乎”？吴子曰：“近之矣，然犹未也。”先生称晋有尧之遗风，“故其人至于今俭啬，有温恭克让之德”，“愿以闻于子何如”？吴子称“美矣善矣”，“举晋国之风以一天下，如斯而已矣”，为七事。

这篇《晋问》，也是一问一答，也是列举七事来讲，但它是创新而非因袭。一是命意新，以前各篇，《七发》是借七件事来启发太子，使太子病愈；《七启》《七命》是借七件事来启发隐士，使隐士抛弃隐居生活。《晋问》不同，问晋地有什么好处，可以福国利民，意义更为深远。二是《七发》等讲的启发，理由不够充分，如所举六事都不能使吴太子振作起来，听了要言妙道，却“霍然病已”。要言妙道讲的是什么，没有内容，只有空话，这就缺乏说服力。再就讲了七事，说其中有的事物使太子听了有起色，为什么也不清楚，因此这七事有进层，也比较空，缺乏说服力。《晋问》不同，吴子的问话是在逼进的，如第一事讲表里山河，吴子认为光有山河险固不可靠；第二事讲甲坚刃利，吴子认为徒有坚甲利刃也不可靠。下面讲名马、木材、河鱼、盐宝，讲到可以利民，是进一步了。吴子还不满意，提出“为民利”。于是讲到晋文公的德教，就更进一步了。但吴子认为霸者之教还不够。于是讲到尧的德教，即王者的德教，可以推广到天下，就更进一步。这样层层深入，又是新的写法。再像以前的一问一答，总是甲问乙答，《晋问》不同，像第六段讲晋之盐宝，可以利民，吴子认为“未为民利”，接下先生问“愿问民利”，即在甲问乙答外，又加入乙问甲答，这又是一种新变。因此从命意到内容再到形式，《晋问》都有创新，是创造的成功之作，从这里看到新变的重要性。

七

一家风格

宋　马远　白蔷薇图

上面谈“比较”，主要就古文选本中的文章，从它们在命意、题材、结构等方面有相类似而可以比较的，加以比较，通过比较，指出其中的得失，对我们鉴赏古文做初步的尝试。再进一步，是不是去读专集。刘勰在《文心雕龙·体性》篇里讲到文章的风格，分作品的风格和作家的风格。同一作家写的作品，由于题材的不同，作家处境的不同、心情的不同，作家早期作品和晚年作品的不同，可能具有不同的风格，这即属于作品的风格。一位成熟的作家，有他自己的风格。要了解一家风格就要读一家的专集，看古文家的作品风格和作家风格。这里试以韩愈、欧阳修、苏轼为例分别做介绍。

一　韩愈

先看韩愈文章的风格，《朱子语类》：“退之要说道理，又要杂剧，有平易处极平易，有险奇处极险奇。”先看平易的，如《与孟东野书》：

与足下别久矣，以吾心之思足下，知足下悬悬于吾也。各以事牵，不可合并。其于人，非足下之为见，而日与之处，足下知余心乐否也？余言之而德者谁欤？余唱之而和者谁欤？言之而无德也，唱之而无和也，独行而无徒也，是非无所与同也，足下知余心乐否也？

这篇文章是写得平易的，文从字顺，无不达之意，风格是自然流畅的。

韩愈的文章有奇险的，如《南海神庙碑》：

省牲之夕，载旸载阴。将事之夜，天地开除，月星明概。……海之百灵秘怪，恍惚毕出，蜿蜿蛇蛇，来享饮食。

按马通伯《韩昌黎文集校注》引刘大櫆曰：“此以所得于相如、子云者为之，故叙祠祀而《上林》《甘泉》之体，奔赴腕下，富丽雄奇。”这篇的风格摹仿司马相如、扬雄，所谓奇丽，与上一篇不同。

再像《送董邵南序》，马通伯校注：“刘大櫆曰：‘退之以雄奇胜，独此篇及《送王含序》，深微屈曲，读之，觉高情远韵，可望不可及。”这篇的正意不直接说出，婉转地透露。董邵南应进士考试，屡次不得志，不能做官，便要到河北去投藩镇，所以说：“燕、赵古称多感慨悲歌之士。董生举进士，连不得志于有司，怀抱利器，郁郁适兹土，吾知其必有合也。董生勉乎哉！”先说他去一定有合的，肯定他去。再加申说：“夫以子之不遇时，苟慕义强仁者，皆爱惜焉，矧燕、赵之士，出乎其性者哉！”说明他此去有合的理由，归到“燕、赵多感慨悲歌之士”。接下来一转，从“古”转到“今”，“然吾尝闻，风俗与化移易，吾恶知其今不异于古所云？聊以吾子之行卜之也。董生勉乎哉”，这一转，怕今与古不同，合不合就不一定了，再回到赠序，所以说姑且让你去试一下。这一转，就从“有合”转到不一定合了。“吾因子有所感矣，为我吊望诸君（乐毅）之墓，而观于其市，复有昔时屠狗者乎？为我谢曰：明天子在上，可以出而仕矣”。这里提出“因子有所感”，因“你”的去而有所感，这个感是呼应上文，上文提到“古”“今”可能有所变化，因此提出吊乐毅墓，是吊古，“观于其市”是观今，倘再有像古代的屠狗者，指荆轲的朋友，指有才而不遇者，要劝那种人到朝廷来做官，那么不满意董邵南去河北投藩镇的意思就透露出来了。这篇序通过转折和比喻，来透露正意，是含蓄的。韩愈的文章一般是雄奇的，这篇却是婉转的。

再像《试大理评事王君墓志铭》：

> 初，处士将嫁其女，愸曰：“吾以龃龉穷瘁，一女怜之，必嫁官人，不以与凡子。”君曰：“吾求妇氏久矣，唯此公可人意，且闻其女贤，不可以失。”即谩谓媒妪：“吾明经及第，且选，即官人，侯翁女幸嫁，若能令翁许我，请进百金为妪谢。”诺许，白翁，翁曰：“诚官人耶？取文书来。”君计穷吐实，妪曰：“无苦，翁大人不疑人欺我。得一卷书粗若告身者，我袖以往，翁见，未必取视，幸而听我。”行其谋。翁望见文书衔袖，果信不疑，曰：“足矣。”以女与王氏。

这篇叙这件事，风格属于诙谐。这些都属于作品的风格。

韩愈作家的风格，正像苏洵讲的："韩子之文，如长江大河，浑浩流转，鱼鼋蛟龙，万怪惶惑，而抑遏蔽掩，不使自露，而人望见其渊然之光，苍然之色，亦自畏避，不敢迫视。"(《上欧阳内翰书》)

这里苏洵以长江大河的浑浩流转，比喻韩愈文章的气势旺盛。韩愈《答李翊书》："气，水也；言，浮物也，气盛而言之短长与声之高下者皆宜。"所以用长江大河来比气盛。又称"鱼鼋蛟龙，万怪惶惑"，这是什么意思呢？李翱《祭吏部韩侍郎文》："开合怪骇，驱涛涌云。""驱涛涌云"即指韩愈文"如长江大河，浑浩流转"；"开合怪骇"，即指"鱼鼋蛟龙，万怪惶惑"。又孙樵《与王霖秀才书》，称韩愈《进学解》"拔地倚天，句句欲活，读之如赤手捕长蛇，不施控骑生马"。这即"万怪惶惑"的意思吧。又皇甫湜《韩文公墓铭》："茹古涵今，无有端涯，浑浑灝灝，不可窥校。及其酣放，豪曲快字，凌纸怪发，鲸铿春丽，惊耀天下。"这里讲的"浑浑灝灝"，即指"如长江大河，浑浩流转"；这里讲的"凌纸怪发，鲸铿春丽，惊耀天下"，当即指"鱼鼋蛟龙，万怪惶惑”。李汉《昌黎先生文集序》:“诡然而蛟龙翔，蔚然而虎风跃。”这里也提到“蛟龙”。这样看来，说韩愈文章内容，有如“鱼鼋蛟龙，万怪惶惑”可能是指：一像朱熹说的韩文有极险奇处；一像孙樵说的，韩文如《进学解》，内容卓越奇特说的。就《进学解》说，“抑遏蔽掩，不使自露”，即用并不奇险的文辞，来掩盖他奇特卓异的内容吧。试看韩愈的《毛颖（毛笔）传》:

秦始皇时，蒙将军恬（蒙恬制毛笔，故称）南伐楚，次（驻扎）中山，将大猎以惧楚，召左庶长与军尉以《连山》(夏《易》名）筮之，得天与人文之兆。筮者贺曰:“今日之获，不角不牙，衣褐之徒，缺口而长须，八窍而趺居（指兔)。独取其髦，简牍是资。天下其同书，秦其遂兼诸侯乎!”遂猎，围毛氏之族，拔其毫（毛)，载颖而归，献俘于章台宫，聚其族而加束缚焉（束毛为笔)。秦皇帝使恬赐之汤沐，而封诸管城（指笔管)，号曰管城子，日见亲宠任事。

颖为人强记而便敏，自结绳之代以及秦事，无不纂录。阴阳、卜筮、占相、医方、族氏、山经、地志、字书、图画、九流、百家、天人之书，及至浮屠（佛）、老子、外国之说，皆所详悉。又通于当代之务，官府簿书、市井货钱注记，惟上所使。自秦皇帝及太子扶苏、胡亥、丞相李斯，中车府令（赵）高，下及国人，无不爱重。又善随人意，正直、邪曲、巧拙，一随其人。虽后见废弃，终默不泄。惟不喜武士，然见请亦时往。

累拜中书令，与上益狎，上尝呼为“中书君”。上亲决事，以衡石自程（石，百二十斤，限定一天看完百二十斤重的文书，当时文书还用竹简木牍，较重），虽宫人不得立左右，独颖与执烛者常侍，上休方罢。颖与绛人陈玄（陈旧而黑，指墨，唐时绛州贡墨）、弘农陶泓（陶器容水，指砚，唐时弘农贡砚）及会稽楮先生（楮皮制纸，指纸，唐时会稽贡纸）友善，相推致，其出处必偕。上召颖，三人者不待诏辄俱往，上未尝怪焉。

后因进见，上将有任使，拂试之，因免冠谢。上见其发秃，又所摹画不能称上意，上嘻笑曰：“中书君老而秃，不任吾用。吾尝谓君中书，而今不中书耶！”对曰：“臣所谓尽心者。”因不复召，归封

> 邑，终于管城。其子孙甚多，散处中国夷狄，皆冒管城。唯居中山者能继父祖业。
>
> 太史公曰：……《春秋》之成，见绝于孔子，而非其罪（孔子著《春秋》，到鲁哀公十四年春，叔孙子的车夫子钼商获麟而绝笔，不再写）。及蒙将军拔中山之毫（兔毛），始皇封之管城，世遂有名。……颖始以俘见，卒见任使，秦之灭诸侯，颖与有功，赏不酬劳，以老见疏，秦真少恩哉！

这里对《毛颖传》引得较多，因为柳宗元有《读韩愈所著毛颖传后题》称：

> 有来南者，时言韩愈为《毛颖传》。不能举其辞，而独大笑以为怪，而吾久不克见。杨子诲之来，始持其书，索而读之，若捕龙蛇，搏虎豹，急与之角而力不敢暇，信韩子之怪于文也，……且凡古今是非六艺百家，大细穿穴用而不遗者，毛颖之功也。韩子穷古书，好斯文，嘉颖之能尽其意，故奋而为之传，以发其郁积，而学者得以励，其有益于世欤！

柳宗元认为：“且世人笑之也，不以其俳乎？”俳即戏谑，即为毛笔作传，是以文为戏。柳宗元也称“信韩子之怪于文也”，因为它像“捕龙蛇，搏虎豹”。这篇文章，从文辞看，没有什么险奇的。那么所谓“捕龙蛇，搏虎豹”表现在哪里呢？柳宗元指出“古今是非六艺百家，大细穿穴用而不遗”，指出毛笔的功用。在这篇讲的这方面的话，一般人没有想到的，显得突出，这可能就是指“捕龙蛇，搏虎豹”吧。那么所谓“鱼鼋蛟龙，万怪惶惑”，当也指内容的卓越奇特说的。《毛颖传》的另一个意义，即对“秦真少恩哉”的感叹，所谓“以发其郁积”，即司马迁《报任少卿书》里说的，“《诗》三百篇，皆圣贤发愤之所为作也”。此篇也有发愤感叹的话，所以值得称美。

韩愈《答刘正夫书》说：“足下家中百物皆赖而用也，然其所珍爱者必非常物。夫君子之于文，岂异于是乎？”那么所谓“鱼鼋蛟龙，万怪惶惑”，大概指“非常物”说的，即指文中的特殊的命意或观点，不同于常人之见，故使常人惶惑。又说“而抑遏蔽掩，不使自露”，指这种非常的命意或观点，在文中出于自然，使人不感到突出。这是韩愈古文的一家风格。韩愈的《原道》和

《进学解》正体现了他的一家风格。换言之，韩愈文章的作家风格是刚健奇特的。

韩愈的《原道》，是批判道教和佛教的。他多用排比句法，使气势旺盛，像长江大河的奔腾。比如说："古之为民者四（士农工商），今之为民者六（加道和释）；古之教者处其一（儒），今之教者处其三（加道和释）；农之家一而食粟之家六，工之家一而用器之家六，贾之家一而资焉之家六，奈之何民不穷且盗也！"这里用了"古之""今之"的排比句，用了"农之家一""工之家一""贾之家一"的排比句，再用"奈之何"的感叹句来作结。再像讲到古之圣人，教民以相生相养之道，说："为之君，为之师，驱其虫蛇禽兽而处之中土。寒，然后为之衣；饥，然后为之食；木处而颠，土处而病也，然后为之宫室。为之工以赡其器用，为之贾以通其有无，为之医药以济其夭死，为之葬埋祭祀以长其恩爱，为之礼以次其先后，为之乐以宣其湮郁，为之政以率其怠倦，为之刑以锄其强梗。相欺也，为之符玺、斗斛、权衡以信之；相夺也，为之城郭、甲兵以守之；害至而为之备，患生而为之防。"在这里用了十七个"为之"，其中"寒，然后为之衣"三句是一种排比句式；

“为之工”以下八句是另一种排比句式；“相欺也”两句又是另一种排比句式；“害至”两句又是一种样式。多用排比句来加强气势，运用各种变化来显示错综之美。这正像长江大河的水，总的看来是奔流的，其中又有激湍旋涡种种变化。

在运用排比句中，又显出“万怪惶惑”来。严复在《辟韩》里引了《原道》的十七个“为之”句后，又引了《原道》里说的“如古无圣人，人之类灭久矣。何也？无羽毛、鳞介以居寒热也，无爪牙以争食也”。然后驳斥道：“如韩子之言，则彼圣人者，其身与其先祖父，必皆非人焉而后可，必皆有羽毛、鳞介而后可，必皆有爪牙而后可。使圣人与其先祖父而皆人也，则未及其生，未及其成长，其被虫蛇、禽兽、寒饥、土木之害而夭死者，固已久矣，又乌能为之礼乐刑政，以为他人防备患害也哉？”（《严复诗文抄》）严复的驳斥，从中使我们看到韩愈这段话里含有怪异的思想，即圣人跟常人不一样，无羽毛、鳞介而可以居寒热，无爪牙而可以争食，正如严复说的，“其身与其先祖父，必皆非人焉而后可”。这种奇异的看法，其实是符合实际的，即人的祖先原先是野人，与后来的人不同。又说圣人“寒，然后为之衣；饥，然后为之食”，即认为发明衣的、食的都是圣人，这正是《礼记·乐记》里“作者之谓圣”的意思。不过《乐记》里的“作者之谓圣”是指制礼作乐说的，不指发明衣和食说的。韩愈把一切发明者都称为圣人，这也是一种突出的看法。这些特殊的看法，不正是所谓“万怪惶惑”吗？这种特殊的看法，又讲得很自然，不正是所谓“抑遏蔽掩”吗？

再就《进学解》的文辞看，也是多用排比句，像“业精于勤荒于嬉，行成于思毁于随”，“诸生业患不能精，无患有司之不明；行患不能成，无患有司之不公”，是排比句。再像“先生口不绝吟于六艺之文，手不停披于百家之编，记事者必提其要，纂言者必钩其玄”是排比句。再像下文的“夫大木为宊（梁）……各得其宜，施以成室者，匠氏之工也；玉札丹砂……俱收并蓄，待用无遗者，医师之良也；登明选公……校短量长，惟器是适者，宰相之方也”，也是排比句。这样多用排比句，来加强气势，使文如长江大河奔腾，这就是韩愈文章的特点。

韩愈的《原道》像长江大河奔腾，笔力刚健，代表韩愈文章的作家风格。但韩愈文章不同题材的不同作品，又有不同的风格，即在总的刚健风格里，还有不同变化。像《对禹问》，马通伯《韩昌黎文集校注》称：“姚范曰：‘坚峭劲肃。’刘大櫆曰：‘议论高奇，而笔力劲健曲屈，足达其意。’”这里指出《对禹问》像山峰“坚峭劲肃”，跟《原道》的像江河奔腾不同。但总的刚健风格是一致的，在刚健中，又有如江河奔腾或山峰劲峭的不同。

《对禹问》：“或问曰：‘尧舜传诸贤，禹传诸子，信乎？’曰：‘然。’‘然则禹之贤不及于尧与舜也欤？’曰：‘不然。尧舜之传贤也，欲天下之得其所也；禹之传子也，忧后世争之之乱也。尧舜之利民也大，禹之利民也深。’”这里对问题作出明确的判断，所以称为“坚峭劲肃”。但总的风格还是刚健的。做出了这个判断后，再问：“然则尧舜何以不忧后世？”答：“尧以传舜为忧后世，禹以传子为虑后世。”再问：“传之子而当不淑，则奈何？”“传之子则不争，前定也。前定虽不当贤，犹可以守法。”这样又进行了反复推论，作出解释。所以又说“笔力劲健曲屈”，即在刚健中又有立论曲折的特点。

再看韩愈的《获麟解》，《原道》是长篇议论文，《获麟解》是短篇说明文。文体不同。马通伯校注：“刘大櫆曰：‘尺水兴波，与江河比大，惟韩公能之。’”这是

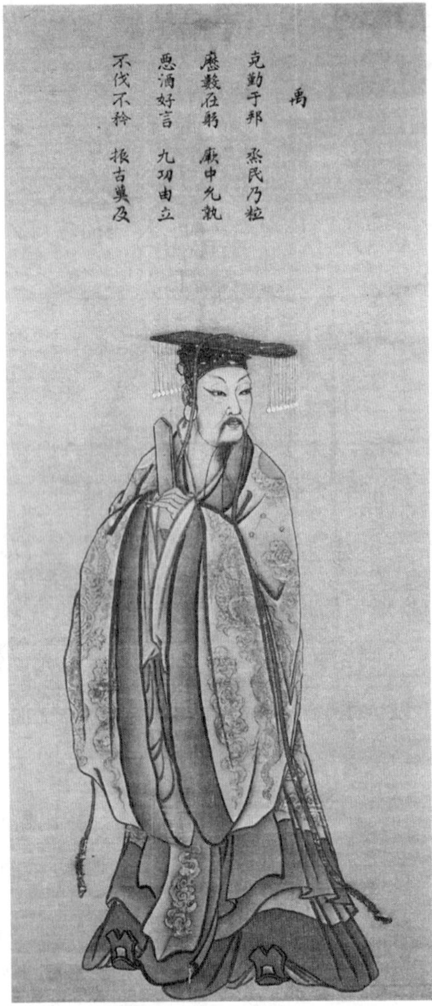

宋　马麟　夏禹像

说，《获麟解》是短篇，也有江河奔腾的气势，保持了刚健的风格。如说：

> 麟之为灵昭昭也，咏于《诗》，书于《春秋》，杂出于传记百家之书，虽妇人小子皆知其为祥也。然麟之为物，不畜于家，不恒有于天下。其为形也不类，非若马牛犬豕豺狼、麋鹿然。然则虽有麟，不可知其为麟也。角者，吾知其为牛；鬣者，吾知其为马。犬豕豺狼麋鹿，吾知其为犬豕豺狼麋鹿。惟麟也不可知。不可知，则其谓之不详也亦宜。虽然，麟之出，必有圣人在乎位，麟为圣人出也。圣人者必知麟，麟之果不为不祥也。又曰：麟之所以为麟者，以德不以形。若麟之出，不待圣人，则谓之不祥也亦宜。

这里“咏于《诗》”三句是排比句，“不畜于家”两句也是排比句，“角者，吾知其为牛”三句也是排比句，多用排比句显得有气势，所以有“尺水兴波”的比喻。但这篇说明文，因文体关系，又有它的特点，就是多转折。像开头提出“皆知其为祥也”，提出“知”和“祥”

来；接下来转到“不可知，则谓之不祥也亦宜”，即转到“不可知”和“不祥”；又转到“圣人者必知麟，麟之果不为不祥也”，即转到“知”和“祥”；又转到“不待圣人，则谓之不祥也亦宜”，又转到“不祥”了。这样反复转折，实际是以麟自比，感叹无人了解自己。各种转折只是蓄势，经过蓄势，落到“若麟之出，不待圣人，则谓之不祥也亦宜”，显得有力。这种转折，还是刚健的，即在刚健中又有多转折的特点。

韩愈《张中丞传后叙》是他的名篇，前面替许远辨诬的话说：

> 两家子弟材智下（主要指张巡子去疾上书朝廷，称“城陷而［许］远独生”，请追夺许远职），不能通知二父志，以为巡死而远就虏，疑畏死而辞服于贼。远诚畏死，何苦守尺寸之地，食其所爱之肉（睢阳食尽，远杀其奴以食战士），以与贼抗而不降乎？当其围守时，外无蚍蜉蚁子之援，所欲忠者，国与主耳，而贼语以国亡主灭。远见救援不至，而贼来益众，必以其言为信。外无待而犹死守，人相食且尽，虽愚人亦能数日（计日）而知死

处矣。远之不畏死亦明矣！乌有城坏其徒俱死，独蒙愧耻求活，虽至愚者不忍为；呜呼，而谓远之贤而为之邪？

这段为许远辨诬的议论，论断极为有力，正如长江大河奔腾，具有雄直的风格，再像这篇里写道：

南霁云之乞救于贺兰也，贺兰嫉巡、远之声威功绩出己上，不肯出师救。爱霁云之勇且壮，不听其语，强留之，具食与乐，延霁云坐。霁云慷慨语曰："云来时，睢阳之人不食月余日矣！云虽欲独食，义不忍；虽食，且不下咽。"因拔所佩刀，断一指，血淋漓，以示贺兰。一座大惊，皆感激为云泣下。云知贺兰终无为云出师意，即驰去。将出城，抽矢射佛寺浮图（塔），矢著其上砖半箭，曰："吾归破贼，必灭贺兰，此矢所以志也。"

这段记事，写得悲壮慷慨，激动人心，风格是刚健的。再看上面指出韩愈文章的风格，有平易的、有险奇的、有婉转的、有诙谐的。这些文章的风格里有没有表现出韩愈作家的风格呢？看来还是一致的。平易的如上引《与孟东野书》，其中“吾言之”句与“吾唱之”句，“言无听也”四句，都是排比句，还是气势旺盛的。就内容说，对于“人人”，言之无听，唱之无和，独行无徒，这种思想跟一般人不同，也显得奇特，是符合韩愈的风格的。至于《南海神庙碑》，刘大櫆称为“富丽雄奇”，还是保留韩愈风格的刚健奇特的。就是《送董邵南序》，就它的用意讲，不直说，婉转透露，是柔婉的，就文体辞，一开头说“燕、赵古称多感慨悲歌之士”，一直到“矧燕赵之士，出乎其性者哉”，一气贯注，风格还是刚健的。即就《试大理评事王君墓志铭》写骗婚一段，有类小说。但就全篇看，开头作：“君讳适，姓王氏，好读书，怀奇负气，不肯随人后举选。”以下叙他怀奇负气的经历，风格还是刚健的。

二　欧阳修

苏洵《上欧阳内翰书》说：

> ……执事（指欧阳修）之文，纡余委备，往复

百折，而条达疏畅，无所间断。气尽语极，急言竭论，而容与闲易，无艰难劳苦之态。此三者，皆断然自为一家之文也。

这里苏洵讲欧阳修的文章风格：一是委婉曲折，二是条达疏畅，三是容与闲易。这既是文章的风格问题，也是写文章时的态度问题，试举一例。宋仁宗景祐三年(1036)，宰相吕夷简在用人施政上有许多不公正处，范仲淹对他提了不少意见，被贬知饶州，余靖、尹洙上章论救，都被贬官。而身居谏职的高若讷却阿谀宰相，不进谏。欧阳修写了《与高司谏书》：

……某年十七时，家随州，见天圣二年进士及第榜，始识足下姓名。……但闻今宋舍人兄弟（宋庠、宋祁）与叶道卿（清臣）、郑天休（戬）数人者，以文学有大名，号称得人。而足下厕其间，独无卓卓可道说者，予固疑足下不知何如人也。

其后更十一年，予再至京师。足下已为御史里行，然犹未暇一识足下之面，但时时于予友尹师鲁（洙）问足下之贤否，而师鲁说足下正直有学问，君子人也，予犹疑之。夫正直者，不可屈曲；有学问者，必能辨是非。以不可屈之节，有能辨是非之明，又为言事之官，而俯仰默默，无异众人，是果贤者邪？此不得使予之不疑也。

自足下为谏官来，始得相识，侃然正色，论前世事，历历可听，褒贬是非，无一谬说。噫！持此辨以示人，孰不爱之？虽予亦疑足下真君子也。是予自闻足下之名及相识，凡十有四年，而三疑之。今者推其实迹而较之，然后决知足下非君子也。

前日范希文（仲淹）贬官后，与足下相见于安道（余靖）家，足下诋诮希文为人。予始闻之，疑是戏言。及见师鲁，亦说足下深非希文所为，然后其疑遂决。希文平生刚正，好学，通古今，其立朝有本末，天下所共知，今又以言事触宰相得罪。足下既不能为辨其非辜，又畏有识者之责己，遂随而诋之，以为当黜，是可怪也！

夫人之性，刚果懦软，禀之于天，不可勉强，虽圣人亦不以不能责人之必能。今足下家有老母，身惜官位，惧饥寒而顾利禄，不敢一忤宰相以近刑祸，此乃庸人之常情，不过作一不才谏官尔。虽朝廷君子，亦将闵足下之不能，而不责以必能也。今乃不然，反昂然自得，了无愧畏，便毁其贤，以为当黜，庶乎饰己不言之过。夫力所不敢为，乃愚者之不逮；以智文其过，此君子之贼也。

且希文果不贤邪？自三四年来，从大理寺丞至前行员外郎，作待制日，日备顾问，今班行中无与比者。是天子骤用不贤之人？夫使天子待不贤以为贤，是聪明有所未尽。足下身为司谏，乃耳目之官，当其骤用时，何不一为天子辨其不贤，反默默无一语，待其自败，然后随而非之？若果贤邪？则今日天子与宰相以忤意逐贤人，足下不得不言。是则足下以希文为贤，亦不免责；以为不贤，亦不免责。大抵罪在默默尔。

昔汉杀萧望之与王章，计其当时之议，必不肯明言杀贤者也，必以石显、王凤为忠臣，望之与章为不贤而被罪也。今足下视石显、王凤果忠邪？望之与章果不贤邪？当时亦有谏臣，必不肯自言畏祸而不谏，亦必曰当诛而不足谏也。今足下视之，果当诛邪？是直可欺当时之人，而不可欺后世也。今足下又欲欺今人，而不惧后世之不可欺邪？况今之人未可欺也。

伏以今皇帝即位已来，进用谏臣，容纳言论。如曹修古、刘越，虽殁犹被褒称，今希文与孔道辅，皆自谏诤擢用。足下幸生此时，遇纳谏之圣主如此，犹不敢一言，何也？前日又闻御史台榜朝堂，戒百官不得越职言事，是可言者惟谏臣尔。若足下又遂不言，是天下无得言者也。足下在其位而不言，便当去之，无妨他人之堪其任者也。昨日安道贬官，师鲁待罪，足下犹能以面目见士大夫，出入朝中称谏臣，是足下不复知人间有羞耻事尔！所可惜者，圣朝有事，谏官不言，而使他人言之。书在史册，他日为朝廷羞者，足下也。

《春秋》之法，责贤者备。今某区区犹望足下之能一言者，不忍便绝足下，而不以贤者责也。若犹以谓希文不贤而当逐，则予今所言如此，乃是朋邪之人尔。愿足下直携此书于朝，使正予罪而诛之，使天下皆释然知希文之当逐，亦谏臣之一效也。

这封信可以用来说明欧阳修文章的风格特点，即委婉曲折，条达疏畅，容与闲易，所以近乎全部引入。这篇先讲自己对高若讷为人的认识，开始因为他没什么可称道，怀疑他不是贤人；接着听朋友说他是贤人，但因为他做了谏官，却没进谏，所以还在怀疑。接着听他议论正确，怀疑他是贤人。从怀疑他是不贤，到怀疑他是贤，写出对他为人的认识转变，是委婉曲折的。

再就范仲淹给宰相提意见被罢官一事说，范仲淹是对的，宰相是错的。宰相排斥贤人，作为谏官，他的责任就该明辨是非，向朝廷进谏。可是他不但不进谏，反而阿谀宰相，极力反对范仲淹的所作所为，欧阳修认为“是可怪也”。但没有直接对他提出批评，却研究他为什么这样做，认为他家有老母，怕一进谏也会贬官出外，连累老母；为了保官位，惧饥寒、顾利禄、不敢说话，那还可以谅解。现在不这样，毫无愧畏地诽谤范仲淹，说应该罢斥，用来掩饰他不谏的过错，那就不可谅解了。从他为了保官位而不谏，转到诽谤贤人，这样的推测是婉转曲折的。不仅这样，再做进一步论述。照他说，范仲淹是不贤的，那么范仲淹几次升官时，应该进谏，说明他的不贤，不该进升。倘范仲淹是对的，那么宰相罢斥正人，他是谏官，应当进谏。不论认为范仲淹是不贤或是贤，他都不对。这里见出推论的深入。再引历史上的事来作比，推论今人和后人。历史上的贤人被害，后人自有公论。那他阿附宰相、诽谤范仲淹，不但不能欺骗后人，还不能欺骗今人。

再进一步，指出御史台衙门出榜，百官不得越职言事。那么对范仲淹的罢斥，只有谏官可以进谏了。他身为谏官而不谏，又不辞职，面对余靖、尹洙因进言被罢斥，他还在诽谤范仲淹而不以为耻，真不复知人间有羞耻事！欧阳修这样来指斥高若讷，说明已极愤激，但还是从一层层推论中得出这个结论，就一层层推论说是条达疏畅的；就内心极度愤激而说话还是从推论中来，像平心静气在讲道理，所以是从容闲易的。最后归结到《春秋》责备贤者，还对他抱一点希望，希望他改正错误，站出来进谏，倘他坚持错误，那他可以把这封信揭发，来罢斥“我”。最后的话，还是婉转的，但自己甘心被斥，立场又是坚定的。欧阳修写了这封信，就被贬官为夷陵令，他写《与尹师鲁书》说：

> 修行虽久，然江湖皆昔所游，往往有亲旧留连。又不遇恶风水，老母用术者言，果以此行为

幸。又闻夷陵有米、面、鱼如京洛，又有梨、栗、橘、柚、大笋、茶叶，皆可饮食，益相喜贺。昨日因参转运，作庭趋，始觉身是县令矣，其余皆如昔时。

师鲁简中言，疑修有自疑之意者，非他，盖惧责人太深以取直尔。今而思之，自决不复疑也。然师鲁又云“暗于朋友”，此似未知修心。当与高书时，盖已知其非君子，发于极愤而切责之，非以朋友待之也，其所为何足惊骇？路中来，颇有人以罪出不测见吊者，此皆不知修心也。师鲁又云“非忘亲”，此又非也。得罪虽死，不为忘亲，此事须相见，可尽其说也。五六十年来，天生此辈，沉默畏慎，布在世间，相师成风。忽见吾辈作此事，下至灶门老婢，亦相惊怪，交口议之。不知此事古人日日有也，但问所言当否而已。又有深相叹赏者，此亦是不惯见事人也，可嗟世人不见如往时事久矣。往时砧斧鼎镬，皆是烹斩人之物。然士有死不失义，则趋而就之，与几、席、枕藉之无异。有义君子在旁，见有就死，知其当然，亦不甚叹赏也。史册所以书之者，盖特欲警后世愚懦者，使知事有当然而不得避尔，非以为奇事而诧人也。幸今世用刑至仁慈，无此物，使而有一人就之，不知作何等怪骇也。然吾辈亦自当绝口，不可及前事也。居间僻处，日知进道而已，此事不须言。然师鲁以修有自疑之言，要知修处之如何，故略道也。……

又尝与安道（余靖）言：每见前世有名人论事时，感激不避诛死，真若知义者；及到贬所，则戚戚嗟怨，有不堪之穷愁，形于文字，其心观戚，无异庸人，虽韩文公不免此累。用此戒安道，慎勿作戚戚之文。师鲁察修此语，则处之之心又可知矣。近世人，因言事亦有被贬者，然或傲逸狂醉，自言我为大，不为小。故师鲁相别，自言益慎职，无饮酒。此事修今亦遵此语。咽喉自出京愈矣。至今不曾饮酒。到县后勤官，以惩洛中时懒慢矣。

这封写给尹洙的信，信里读到怎样对待这次贬官的态度问题，即信里说的“师鲁以修有自疑之言，要知修处之如何”，即尹洙认为欧阳修怀疑自己写信给高若讷这事做错了，因此发生怎样对待这次贬官的态度问题。假使认为自己做错了，对于这次贬官，就要自怨自悔，就要悔恨自己不该站在范仲淹一边，就要为了保持官位去阿附吕夷简，这就发生了立场问题，所以要写这封信来辨明。先辨明没有自疑。自疑什么？疑“责人太深以取直”，再想，决没有责备高若讷是对的，不过分。尹洙认为“暗于朋友”，即不认识人，欧阳修认为也不是，他早已知道高若讷不是君子，所以愤极而切责之。写到这里，话已说完，但接触到对待这次的贬官，又转到外人认为罪出不测相吊，即老婢也惊怪，认为不该写信给高若讷。他因此辨明“此事古人日日有”，即该说的话一定要说。又转到有人认为这样说了话而贬官，是“忘亲”，即使母亲连累到贬所。尹洙替欧阳修辩护，说不是“忘亲”，他更指出欧阳修说的话是正确的，因此得罪，“得罪虽死，不为忘亲”，这又转到言事得罪和“忘亲”的关系了。接下来又转，转到“又有深相叹赏者”，认为他言事得罪，为了正义而言事，不怕罢官，非常叹赏。他认为“亦是不惯见事人也”。他认为为了正义而言事，是应当的，即使因此牺牲也是应当的，不必叹赏。话又转了，转到史册为什么要记下这类事，因为要警醒后世愚懦者使他们知道该说的话就应当说，不得避祸而不说。话到这里好像已经说完了，但就我们自处的态度说，话又转了，转到“吾辈亦自当绝口不可及前事也”，我们绝口不谈这事，避免自以为正义而贬官，自我标榜。话到这里又转了，转到有的名人，论事慷慨不怕死，到贬官后又忧愁怨恨，韩愈就是这样，要引以为戒。话又转了，转到有人贬官后“傲逸狂醉”，自以为了不起，也要引以为戒，所以贬官后，要谨慎职守，不饮酒，更勤官。在这封信里，说的话，一转再转三转四转，真是“纡余委备，往复百折”了。

再看他的表达情思，指出“颇有人以罪出不测见吊”为不合，以老婢惊怪交口议之为不合，又以深相赏叹者为不合，要说明这些都不合的理由，要纠正五六十年来，世间相师成风的错误看法，说明极明白晓畅使人信服，这里显出欧阳修文章的条达疏畅来，这跟他把事理看得明白，又善于表达是分不开的。欧阳修从小受到母亲的教导，所以他为人正直，是从母教来的。因此他言事贬官，是得到母亲的赞许的。所以他贬官到夷陵去，坐船经历江湖的风浪，写诗道“老母用术者言，果以此行为幸”，一点没有怨恨忧惧。又说夷陵有美好食品，益相喜贺，好像不是贬官，这里反映了他的态度，文章的风格也显出容与闲易，即从容不迫，平易近人。欧阳修文章风格的特点，在这封信里都有了充分的表达。

欧阳修的文章，像《本论》《醉翁亭记》《丰乐亭记》，在前面的“比较”里都谈到过了，这里再谈谈《真州东园记》：

> 真为州（今江苏仪征），当东南之水会，故为江淮、两浙、荆湖发运使（主管漕运的官，即把一地区粮食运往京都）之治所。龙图阁直学士施君正臣（昌言）、侍御史许君子春（元）之为使也，得监察御史里行马君仲途（遵）为其判官。三人者乐其相得之欢，而因其暇日，得州之监军废营，以作东园，而日往游焉。
>
> 岁秋八月，子春以其职事走京师，图其所谓东园者来以示予，曰：园之广百亩，而流水横其前，清池浸其右，高台起其北。台，吾望以拂云之亭；池，吾俯以澄虚之阁；水，吾泛以画舫之舟。敞其中以为清宴之堂，辟其后以为射宾之圃。芙渠芰荷之的历（鲜明貌），幽兰白芷之芬芳，与夫佳花美木列植而交阴，此前日之苍烟白露而荆棘也。高甍

（屋脊）巨桷（椽子），水光日景（影），动摇而下上，其宽闲深静，可以答远响而生清风，此前日之颓垣断堑而荒墟也。嘉时令节，州人士女啸歌而管弦，此前日之晦冥风雨、鼪鼯鸟兽之嗥音也。吾于是（此）信有力焉。……若乃升于高以望江山之远近，嬉于水而逐鱼鸟之浮沉，其物象意趣，登临之乐，览者各自得焉……。

欧阳修这篇记，和上面提到的《丰乐亭记》《醉翁亭记》，三篇记的写法各不相同，这是值得探讨的。宋仁宗庆历六年（1046），杜衍、范仲淹、韩琦、富弼相继罢去，他们推行的新政失败，欧阳修因上书谏争被贬为滁州太守。他在《醉翁亭记》里称："醉翁之意不在酒，在乎山水之间也。山水之乐，得之心而寓之酒也。"既称他意在山水，即在欣赏山水，怎么又说"寓之酒"呢？倘说借欣赏山水之美来下酒，那又怎么"饮少辄醉"，醉了就不能欣赏山水了。可见山水之乐还不能消愁，还要借酒来消愁。这点意思含蓄不露，说明《醉翁亭记》是写得含蓄的。又多用"也"字煞尾，有它的特色。《丰乐亭记》也是贬官滁州后写的，那是赞美宋朝的平定割据、完成统一，使民得到丰乐，心情又不同。这两篇记写景物都极为简约，用意各不相同。

这篇记在写景物和用意上又有不同。《醉翁亭记》《丰乐亭记》都写了自己往游的经历，《真州东园记》是他没有到东园，只据许元拿了东园图来，听他所讲的话来写的。他讲了东园的各种景物，所以写的景物多于前两记。又就“废营”改建为“东园”，把东园的美好景物，跟未建以前的“废园”作对比，写出今盛昔废的情景，成了这篇记的特色。这篇记里写的景物，如“台，吾望以拂云之亭；池，吾俯以澄虚之阁；水，吾泛以画舫之舟”。这样把景物列举来写，把它们突出来，是本篇的一个特点。后文说：

> 真，天下之冲也，四方之宾客往来者，吾与之共乐于此，岂独私吾三人者哉？然而池台日益以新，草树日益以茂，四方之士无日而不来，而吾三人者有时而皆去也，岂不眷眷于是哉！

这里写出“东园”是供四方之士共同游乐的，他们三人“有时而皆去”，去后的东园，只能靠来游乐的四方之士共同维护了。“池台日益以新，草树日益以茂”，在来游乐的四方之士共同维护下，才能这样，才能不再荒废，这点意思含蓄不露。因此，这篇写景物是突出的，是用昔废今盛的对比手法写的。使今盛而不再废的意思含蓄不露。从这三篇记看，欧阳修写作是注意创新的，不是因袭的。在上面的“六观”里讲到历代作品的通变，各代名作都注意创新而不愿因袭，在这里，看到一人的作品也注意创新而避免因袭了。

三　苏轼

苏轼古文的风格，正如他的《文说》讲的：

> 吾文如万斛泉源，不择地而出，在平地滔滔汩汩，虽一日千里无难。及其与山石曲折，随物赋形，而不可知也。所可知者，常行于所当行，常止于不可不止，如是而已矣。

又像他《与谢民师推官书》说：

大略如行云流水，初无定质，但常行于所当行，常止于所不可不止，文理自然，姿态横生。……求物之妙，如系风捕影，能使是物了然于心者，盖千万人而不一遇也，而况能使了然于口与手者乎？是之谓“辞达”。辞至于能达，则文不可胜用矣。

这虽是讲谢民师的文章，实际上也是讲他自己文章的风格。他的文章之所以能达到这样的境界，跟他能掌握求物之妙分不开。

他掌握求物之妙，能如系风捕影，抓住物的妙处，不但了然于心，还能够了然于口与手，因此，他的文章能写出物的妙处。这种妙处，既通过观察体会了然于心，所以随笔写出，如行云流水，极为自然，所谓“文理自然”。物的妙处具有各种姿态，所以写出物的妙处，“姿态横生”。物的妙处又极其丰富生动，捕捉极其丰富生动的物的妙处，文思也极为丰富生动，所以文“如万斛泉源，不择地而出”。杨慎《三苏文范》卷七：“东坡文如长江大河，一泻千里。至其浑浩流转，曲折变化之妙，则无复可以名状，而尤长于陈述叙事。《留侯》一论，其立论超卓如此。”苏轼文的风格，不同于韩愈文的“如长江大河，浑浩流转”，“万怪惶惑”，“而人望见其渊然之光，苍然之色，亦自畏避，不敢迫视”（见前谈韩愈文）。苏轼文如长江大河，有曲折变化之妙，使人开发神智，赏心悦目，而非畏避不敢迫视。苏轼文又不同于韩愈文有用词艰深的一面，同于欧阳修的文从字顺，趋于平易。但又不同于欧阳修文的“纡余委备，往复百折，而条达疏畅”，“容与闲易”（见前谈欧阳修文）。金圣叹《天下才子必读书》卷十四评苏轼《上梅直讲书》：“文态如天际白云，飘然从风，自成卷舒。”又如储欣《唐宋八大家类选》卷十三评苏轼《放鹤亭记》：“叙次议论并超逸，歌亦清旷，文中之仙。”又如谢枋得《文章轨范》卷七评苏轼《前赤壁赋》：“潇洒神奇，出尘绝俗，如乘云御风，而立乎九霄之上，俯视六合，何物茫茫？非惟不挂之齿牙，亦不足入其灵台丹府（心）也。”即苏轼文在平易流畅、曲折变化中又有得之自然、超逸清旷、潇洒出尘的一面。因为他既如“系风捕影”那样求得物之妙，所得自然超出于一般人所见，所以使人感到他的文章超逸清旷了。概括地说，苏轼文章的风格既有豪放清雄的，又有超逸清旷的。

金　武元直　赤壁图（局部）

苏轼的古文，就是议论文，也写得“求物之妙，如系风捕影”，这个物指事物。如《教战守策》，这是一篇策论，论教民学习战守的，即教民学军训的。苏轼作品以善用比喻著名，这篇用普通的事作比较，用比喻更为深切著明。他说：

天下之势，譬如一身。王公贵人所以养其身者，岂不至哉？而其平居常苦于多疾。至于农夫小民，终岁劳苦，而未尝告病，此其故何也？夫风雨霜露寒暑之变，此疾之所由生也。农夫小民，盛夏力作，而穷冬暴露，其筋骸之所冲犯，肌肤之所浸渍，轻霜露而狎风雨，是故寒暑不能为之毒。今王公贵人处于重屋之下，出则乘舆，风则袭（重）裘，雨则御盖，凡所以虑患之具，莫不备至。畏之太甚，而养之太过，小不如意，则寒暑入之矣。是故善养身者，使之能逸而能劳，步趋动作，使其四体狃于寒暑之变，然后可以刚健强力，涉险而不伤。夫民亦然。今者治平之日久，天下之人，骄惰脆弱，如妇人孺子不出于闺门。论战斗之事，则缩颈而股慄；闻盗贼之名，则掩耳而不愿听。而士大夫亦未尝言兵，以为生事扰民，渐不可长。此不亦畏之太甚而养之太过欤？

苏轼看到宋朝积弱的原因之一，即从士大夫到民，都怕讲战斗。他要指出这种怕讲战斗的毛病，就用王公贵人讲究保养常苦多病、农夫小民终岁勤劳而未尝告病作比。这一比，就显出怕讲战斗的毛病，讲得深切著明了。

不仅这样，他更深刻地指出宋朝不讲战斗的危机。又说：

今国家所以奉西、北之虏者，岁以百万计。奉之者有限，而求之者无厌，此其势必至于战。战者，必然之势也。不先于我，则先于彼，不出于西，则出于北。所不可知者，有迟速远近，而要以不能免也。天下苟不免于用兵，而用之不以渐，使民于安乐无事之中，一旦出身而蹈死地，则其为患必有所不测。故曰：天下之民知安而不知危，能逸而不能劳，此臣所谓大患也。

在这里，显出他有远见，他看到后来金兵的入侵、北宋的沦亡，论事就有这样的远见卓识。又说：

> 今天下屯聚之兵，骄豪而多怨，陵压百姓而邀（要挟）其上者何故？此其心以为天下之知战者，惟我而已。如使平民皆习于兵，彼知有所敌，则固已破其奸谋，而折其骄气。利害之际，岂不亦甚明欤？

苏轼由当时怕讲战斗这件事，看到当前养成骄兵，欺压百姓而要挟上官，应该对人民给予军训来加以纠正，更看到国家的危机。这样看得深远，不正是“求物之妙”吗？物指事物，即教战守这件事，对这件事看得这样深远，这即属于“求物之妙”了。《苏长公合作》卷五引陈继儒说：“见析悬镜，机沛涌泉。”既指出他看问题有如明镜照影，非常清晰，又指出他的文思泉涌，这是确切的。

再像《日喻》，讲实践的重要，道理要通过实践才有深切体会，说：

生而眇（盲）者不识日，问之有目者。或告之曰："日之状如铜盘。"扣盘而得其声，他日闻钟，以为日也。或告之曰："日之光如烛。"扪烛而得其形，他日揣籥（摸管乐器），以为日也。日之与钟、籥亦远矣，而眇者不知其异，以其未尝见而求之人也。道之难见也甚于日，而人之未达也，无以异于眇。达者告之，虽有巧譬善导，亦无以过于盘与烛也。自盘而之钟，自烛而之籥。转而相之，岂有既（尽）乎？故世之言道者，或即其所见而名之，或莫之见而意之，皆求道之过也。……

南方多没人（潜水的人），日与水居也，七岁而能涉，十岁而能浮，十五而能浮没矣。夫没者岂苟然哉？必将有得于水之道者。日与水居，则十五而得其道。生不识水，则虽壮，见舟而畏之。故北方之勇者问于没人，而求其所以没，以其言试之河，未有不溺者也。故凡不学而务求道，皆北方之学没者也。

这篇《日喻》，先用两个比喻，"日之状如铜盘"，"日之光如烛"。文章的巧妙，不停在这两个明喻上，又由铜盘转到“扣盘而得其声”，由声比钟；又由烛转到“扪烛而得其形”，由形比籥。这样由比形转到比声，由比声转到比形，叫作曲喻。这样既用了两个明喻，又用了两个曲喻，一连用了四个比喻，这叫博喻。接着用“没人”来比，那又不同于用比喻，用没人的日与水居积十五年而能没，说明通过长期实践才能懂得水性，说明通过长期的实践才能懂得各种道理，把这个不容易说明的道理，用“没人”来作比，把实践的重要讲得深切著明。苏轼善用博喻，钱锺书先生《宋诗选注·苏轼》里加以发挥道：

> 他在风格上的大特色是比喻的丰富、新鲜和贴切，而且在他诗里还看得到宋代讲究散文的人所谓“博喻”或者西洋人所称道的莎士比亚式的比喻，一连串把五花八门的形象来表达一件事物的一个方面或一种状态。这种描写和衬托的方法仿佛是采用了旧小说里讲的“车轮战法”，连一接二的搞得那件事物应接不暇，本相毕现，降伏在诗人的笔下。

钱锺书先生在这里是讲苏轼的诗，从《日喻》看，苏轼的古文运用博喻也是这样。

这样的古文，用思深刻，笔力劲健，富有想象，属于豪放清雄的风格。

苏轼《前赤壁赋》：

> 客曰："'月明星稀，乌鹊南飞'，此非曹孟德之诗乎？西望夏口，东望武昌，山川相缪（环绕），郁乎苍苍，此非孟德之困于周郎者乎？方其破荆州，下江陵，顺流而东也，舳舻千里，旌旗蔽空，酾酒临江，横槊赋诗，固一世之雄也，而今安在哉？"

这是怀古，是想象，也写得豪放清雄。但下面写到水与月：

> 苏子曰："客亦知夫水与月乎？逝者如斯，而未尝往也；盈虚者如彼，而卒莫消长也。盖将自其变者而观之，则天地曾不能以一瞬；自其不变者而观之，则物与我皆无尽也，而又何羡乎？且夫天地之间，物各有主；苟非吾之所有，虽一毫而莫取。惟

江上之清风，与山间之明月，耳得之而为声，目遇之而成色，取之无禁，用之不竭，是造物者之无尽藏也，而吾与子之所共适。”

这里即景生情，表达的感情与柳宗元贬官永州所写的山水记所表达的感情完全不同。柳的《小石潭记》写那里“寂寥无人，凄神寒骨”，反映出一种寂寞凄冷的心情。苏轼在这里看到“逝者如斯，而未尝往也，盈虚者如彼，而卒莫消长也”。即水在流去，这是变，但又像不曾流失，这是不变；月或圆或缺，这是变，但又没有消失，这是不变，从这里悟出变与不变的道理。人生也一样，有升沉得失是变，但在升沉得失中保存“我”的志事是不变。他被贬官到黄州是变，他在赋中说的“渺渺兮予怀，望美人兮天一方”，他在想望美人，这个美人可能指宋仁宗，希望仁宗再起用他，想能再有所作为，这是不变的。在这变与不变之间，从水与月的变与不变，又想到自然界的美景可以供人欣赏，来排解贬谪中的苦闷，显出胸襟超脱。这正像前引谢枋得说的：“潇洒神奇，出尘绝俗。”再像《记承天寺夜游》：

> 元丰六年十月十二日夜，解衣欲睡，月色入户，欣然起行，念无与为乐者。遂至承天寺，寻张怀民。怀民亦未寝，相与步于中庭。庭下如积水空明，水中藻荇交横，盖竹柏影也。何夜无月？何处无竹柏？但少闲人如吾两人者耳。

这个短篇，实是篇散文诗。把月光比作“积水空明”，把竹柏影比作“藻荇交横”。《唐宋十大家全集录·东坡集录》卷九：“仙笔也。读之觉玉宇琼楼，高寒澄彻。”这样的古文跟《前赤壁赋》里潇洒出尘的写法都具有超逸清旷的风格。

总的说来，苏轼的风格，正像他在《书吴道子画后》说的：

> 道子画人物，如以灯取影，逆来顺往，旁见侧出，横斜平直，各相乘除，得自然之数，不差毫末，出新意于法度之中，寄妙理于豪放之外，所谓游刃余地，运斤成风，盖古今一人而已。

钱锺书先生在《宋诗选注·苏轼》里说：

> 他批评吴道子的画，曾经说过：“出新意于法度之中，寄妙理于豪放之外。”从分散在他著作里的诗文评看来，这两句话也许可以现成的应用在他自己身上，概括他在诗歌里的理论和实践，后面一句说“豪放”要耐人寻味，并非发酒疯似的胡闹乱嚷。前面一句算得“豪放”的定义，用苏轼所能了解的话来说，就是“从心所欲，不逾矩”；用近代术语来说，就是：自由是以规律性的认识为基础，在艺术规律的容许之下，创造力有充分的自由活动。这正是苏轼所一再声明的，作文该像“行云流水”或“泉源涌地”那样的自在活泼，可是同时又很谨严的“行于所当行，止于所不可不止”。

这里讲苏诗风格的特色，也同样适用于苏轼的文章。

8

八

融会贯通

宋　林椿　枇杷山鸟图

“一家风格”，是就一家的古文说的。“融会贯通”，是指通贯各家古文的写法说的，想用柳宗元的谈古文写作经验为例。

一 文以明道

柳宗元在《答韦中立论师道书》里谈到过这一点：

> 始吾幼且少，为文章，以辞为工。及长，乃知文者以明道，是固不苟为炳炳烺烺，务采色、夸声音而以为能也。凡吾所陈，皆自谓近道，而不知道之果近乎，远乎？吾子好道而可吾文，或者其于道不远矣。

柳宗元在这里首先提出“文者以明道”的主张，写文章不是追求文采，不是追求音节之美，而是用来明道的。他年轻时，“以辞为工”，即追求文采、追求音节之美，学习魏晋六朝骈文，魏晋六朝骈文是追求文采、追求音节之美的。他后来长大了，知道文以明道，抛弃了学骈文，学作古文，即散文，但他是用过学骈文的功夫的，因此他的融会贯通里面，也把讲究文采的音节之美融会在内。清代刘开在《与阮芸台（元）宫保论文书》里讲到这点，说：“自屈原、宋玉工于言辞，庄辛之说楚王，李斯之谏逐客，皆祖其瑰丽。及相如、子云（司马相如、扬雄）为之，则玉色而金声；枚乘、邹阳为之，则情深而文明。由汉以来，莫之或废。退之（愈）取相如之奇丽，法子云之闳肆，故能推陈出新，征引波澜，铿锵镗石，以穷极声色。柳子厚（宗元）亦知此意，善于造练，增益辞采，而但不能割爱。”这里指出屈原、宋玉的文章“瑰丽”，司马相如、扬雄的文章“玉色而金声”，即既有文采又有声律之美。柳宗元的文章“善于造练，增益辞采，而但不能割爱”，即他的文章也吸收了屈原、宋玉以来讲究文采和音律之美的长处，还保留在散文里，所以称为“不能割爱”。

柳宗元是怎样来使文以明道呢？他在《答韦中立论

师道书》那封信里作了说明：

> 故吾每为文章，未尝敢以轻心掉之，惧其剽而不留也；未尝敢以怠心易之，惧其弛而不严也；未尝敢以昏气出之，惧其昧没而杂也；未尝敢以矜气作之，惧其偃蹇而骄也。抑之欲其奥，扬之欲其明，疏之欲其通，廉之欲其节，激而发之欲其清，固而存之欲其重，此吾所以羽翼夫道也。本之《书》以求其质，本之《诗》以求其恒，本之《礼》以求其宜，本之《春秋》以求其断，本之《易》以求其动，此吾所以取道之原也。参之《穀梁》以厉其气，参之《孟》《荀》以畅其支，参之《庄》《老》以肆其端，参之《国语》以博其趣，参之《离骚》以致其幽，参之《太史》以著其洁，此吾所以旁推交通而为之文也。凡若此者，果是耶，非耶？有取乎，抑其无取乎？吾子幸观焉择焉，有余以告焉。苟亟来以广是道，子不有得焉，则我得矣，又何以师云尔哉？

在这里，柳宗元要用文章来说明道，因此他在写文章时，讲究各种态度，能够有利于把道说明白，还要讲究各种方法，使文章能够接近他要说明的道。从讲究态度到方法，他从四方面来说明：一是从态度方面来说，写文章时用什么态度合适，二是从技巧方面讲，三是从根据什么讲，四是从参考什么讲。讲这些，都是为了使所写的文章能够接近道和说明道。

先就态度说，不敢掉以轻心，怕文章浮滑而不确切；不敢懈怠，怕文章松散而不谨严；不敢昏沉，怕文章昏暗杂乱；不敢骄傲，怕心气高傲而不切实。这里说明写文章时要注意防止以上这些不正确的态度，这些态度会妨碍恰好地用文来明道。正像《孟子·公孙丑上》讲的“知言”：“诐辞知其所蔽，淫辞知其所陷，邪辞知其所离，遁辞知其所穷。”即片面的言辞“我”知道它所受的蒙蔽，过头的言辞“我”知道它失足的所在，不合正道的言辞“我”知道它在哪里离开正道，躲闪的言辞“我”知道它理屈之所在。这四种毛病，跟写作的态度有关。因为掉以轻心，出以懈怠，加以昏沉，加以骄傲，就可能对道看得不全面，造成诐辞；看得过头，造成淫辞；看得不正确，造成邪辞；明知不对，因为骄傲，不肯认错，造成遁辞，这四种辞都不合于道。要文以明道，就要纠正这四种辞的缺失，就要注意写作时的态度。这样，把儒家讲正确认识道的端正态度也概括进去了。

态度端正了，还要讲究方法。有的道比较深奥，不深入说不明白，“抑之欲其奥”，抑制自己的粗心浮气，使思想层层深入，接触到道的深奥处，才能加以说明。有的道比较隐蔽，“扬之欲其明”，要发扬它的意义使它明显，才能加以说明。有的道受到阻塞，“疏之欲其通”，要加以疏导使它通畅，经过疏导才可加以说明。有的道有节度，要一节一节来加以分析，“廉之欲其节”，要用严正的文辞来显示它的节度。“廉”指方正，即严正的意思。有的道清澄无滓，要“激而发之欲其清”，激是“激浊扬清”，即阻遏水势，使水中的泥沙下沉，使水清澄，要使文章像使水那样清澄来加以说明。有的道比较有分量，“固而存之欲其重”，要使文辞坚实来显示它的分量。这是用各种方法来使文辞能恰好地说明道。这里也接触到修辞的风格问题，像明显、深奥、通畅、清澄、坚实都属于风格。这里又把各种修辞手法融会进去了。

用文辞来明道，还有取于作为典范的著作。“本之《书》以求其质”，根据《尚书》来求它的质朴，《尚书》保存着最古老的历史文献，文辞朴素，所以从中求它的质朴。“本之《诗》以求其恒”，《诗经》是最早的诗歌总集，主要是抒情诗，具有永恒的感染力，所以从它求得永恒的感染力。“本之《礼》以求其宜”，上面指出“礼之用，和为贵”，“和”即指恰到好处，所以根据《礼》来求它的合宜。“本之《春秋》以求其断”，《春秋》是用褒贬的字来表示对事物是非的判断，所以根据《春秋》来求得对事物作出判断。“本之《易》以求其动”，《易经》是探求事物的变化的，所以根据《易经》来探讨事物的变化。这是对于《六经》说的，对经书表示尊重，所以称“本之”。

“参之《穀梁》以厉其气”，范宁《春秋穀梁传集解序》称“《穀梁》清而婉，其失也短”。杨士勋疏：“清而婉者，辞清义通。”厉其气，犹言锻炼文气，使简练而通畅。“参之《孟》《荀》以畅其支”，《孟子》文章纵横博辩，《荀子》文章多用比喻，立论畅达。所以要参照《孟子》《荀子》的文章使枝条畅茂。“参之《庄》《老》以肆其端”，《庄子》的文章多用寓言，想象丰富，极为恣肆。参照《庄子》使文辞恣肆成为无端涯之词。

这里提到《老子》，只是陪衬作用。“参之《国语》以博其趣”，《国语》的文章富有奇趣，参照《国语》，使文辞富有奇趣。“参之《离骚》以致其幽”，《离骚》的文章内容幽深、感情幽愤，参照《离骚》，使文辞内容幽深。“参之《太史》以著其洁”，《史记》叙事精练，参照《史记》，使文辞简洁。这样，柳宗元的读书，着重于各种书在文辞创作上的特色，偏重在风格或艺术性上。如质朴、贴切、刚健、畅达、纵恣、幽深、简洁，都属于风格或近于风格；又如永恒的感染力、变动、趣味，也和艺术性有关。那么柳宗元通过“学古人说话声响”，体会到文辞的各种风格和艺术性了。

这样，从写作古文的“融会贯通”来说，目的是在文以明道，就写作的态度说，把孟子的“知言”说融会进去了；就写作方法说，把各种写法和修辞手法融会进去了；就有所根据说，把不同内容的作为文章规范的儒家经书的写法融会进去了；就参考说，把文、史、哲三方面的重要著作的写法融会进去了；再加上开头讲的把文采和音节之美也融会进去了。这样可以说做到了“融会贯通”吧。

二 融会贯通之法

柳宗元在古文的创作上，又怎样贯彻他“融会贯通”的主张呢？是不是先看他的《愚溪诗序》：

> 溪虽莫利于世，而善鉴万类，清莹秀彻，锵鸣金石，能使愚者喜笑眷慕，乐而不能去也。余虽不合于俗，亦颇以文墨自慰，漱涤万物，牢笼百态，而无所避之。

他称愚溪的水，“善鉴万类”，靠的是“清莹秀彻”。他写山水记，也是“善鉴万类”，他的山水记也是“清莹秀彻，锵鸣金石”。“善鉴万类”，也就是“漱涤万物”，牢笼百态，而无所避之。像他写的《小石潭记》，写潭石的各种形态；又像写“日光下彻，影布石上”的鱼影画；写“潭西南而望，斗折蛇行，明灭可见”的溪水；写鱼的“空游”和各种活动，这些写具体形象的正是“漱涤万物”，写各种情态的正是“牢笼百态”。这一切都要靠认真细致的观察，这就跟上文讲写作的态度结合。要是掉以轻心，易以怠心，出以昏气，作以矜气，这一切都会视而不见，也就不可能抓住它们的形象和百态加以描绘。再像《袁家渴记》补注：“东坡曰：子厚记云：‘每风自四山而下，振动大木，掩苒众草，纷红骇绿，蓊葧香气。’子厚善造语，若此句殆入妙矣。”苏轼赞为入妙的句子，就是他吸收骈文辞采音节的句子。

再像《封建论》，要反对分封制，赞美郡县制。在当时，认为分封制是古圣王尧、舜、禹、汤、文、武所实行的；郡县制是秦始皇所创制的，实行郡县制，秦二世而亡。所以要反对分封制、赞美郡县制在当时是很有窒碍的，这个道理比较深奥不易说明。柳宗元从分封制怎样建立论起，层层深入，指出它的缺点，这就是“抑之欲其奥，扬之欲其明”。指出郡县制的种种好处，说明秦二世而亡，由于“人（民）怨于下，而吏畏于上”，“咎在人怨，非郡邑之制失也”。这正是“疏之欲其通”。他在讲郡县制的优点时，讲到秦的二世而亡，指出“时则有叛人而无叛吏”；讲到汉的七国之乱时，指出“时则有叛国而无叛郡”；讲到唐朝的藩镇叛乱，指出“时则有叛将而无叛州”，用来说明郡县制的优点，这样分秦、汉、唐三个朝代来说，分成“叛人（民）”“叛国”“叛将”来说，正是“廉之欲其节”。再归结到郡县制的好处，对于守宰，“有罪得以黜，有能得以赏。朝拜而不道，夕斥之矣。夕受而不法，朝斥之矣”。这正是“激而发之欲其清”，从这里看来，他对于“抑之”“扬之”“疏之”“廉之”“激而发之”各种写法，皆融会贯通了。

再看《封建论》，称：“周有天下，列土田而瓜分之，设五等，邦郡后，布履星罗，四周于天下，轮运而辐集。”这不正是“本之《书》以求其质”吗？叙述得比较质直。“然而降于夷王，害礼伤尊，下堂而迎觐者”，这不正是“本之《易》以求其动”吗？写出了政治上的变化。又说：“余以为周之丧久矣，徒建空名于公侯之上耳，得非诸侯之盛强，末大不掉之咎欤!”这不正是“本之《春秋》以求其断”而做出的判断吗？又讲到汉朝“时则有叛国而无叛郡，秦制之得，亦以明矣”，这不正是根据制度来说明郡县制的合理，相当于“本之《礼》以求其宜”吗？接着说“继汉而帝者，虽万代可知也”，这不正是说明郡县制可以长久保存下去，相当于“本之《诗》以求其恒”吗？这样，他不是把典范著作的各种写作要求融会到他的古文中了吗？

柳宗元《论语辩》：“或问曰：‘儒者称《论语》，孔子弟子所记，信乎？’曰：‘未然也。孔子弟子，曾参最少，少孔子四十六岁。曾子老而死，是书记曾子之死，则去孔子也远矣。曾子之死，孔子弟子略无存者已。吾意曾子弟子之为之也。’”这样简练地做出判断，正像《穀梁传》解释《春秋》，文辞简练，这不正是“参之《穀梁》以厉其气”吗？柳宗元《桐叶封弟辩》：“古之传者有言，成王以桐叶与小弱弟，戏曰：‘以封汝。’周公入贺，王曰：‘戏也。’周公曰：‘天子不可戏。’乃封小弱弟于唐。吾意不然。王之弟当封耶？周公宜以时言于王，不待其戏而贺以成之也。不当封耶？周公乃成其不中之戏，以地以人与小弱者为之主，其得为圣乎？”这里展开反复辩论，有像《孟子》《荀子》的辩论，不正是“参之《孟》《荀》以畅其支”吗？

柳宗元《天说》：“天地，大果蓏也；元气，大痈痔也；阴阳，大草木也。其乌能赏功而罚祸乎？功者自功，祸者自祸，欲望其赏罚者大谬。呼而怨，欲望其哀且仁者，愈大谬。”按这篇文章前面引韩愈论天，用果蓏、痈痔、草木来比，认为虫蛀果蓏、痈痔伤害人的血气、蝎子蛀树木，好比人的垦原田、伐山林、凿井，所以人是破坏元气阴阳的，天应该处罚人。柳宗元指出天、元气、阴阳是无知的，不会赏罚人的。人的功或祸都是自己造成的，不是天的赏罚。这里“功者自功，祸者自祸”等说法，跟《老子》《庄子》的论点相似，不正是“参之《庄》《老》以肆其端”吗？又《愚溪对》：“今汝独招愚者居焉，久留而不去，虽欲革其名不可得矣。”这样来说取名愚溪的原因，不正有些“参之《国语》以博其趣”吗？他的《惩咎赋》：“御长辕之无桡兮，行九折之峨峨。却惊棹以横江兮，溯凌天之腾波。幸余死之已缓兮，完形躯之既多。”写得像《离骚》，这不正是“参之《离骚》以致其幽”吗？他的《段太尉逸事状》：

> 晞（郭子仪子郭晞为行营节度使）军士十七人入市取酒，又以刃刺酒翁，坏酿器，酒流沟中。太尉（段秀实，做都虞候）列卒取十七人，皆断头注槊上，植市门外。晞一营大噪，尽甲。孝德（邠宁节度使白孝德）震恐，召太尉曰：“将奈何？”太尉曰：“无伤也，请辞于军。”孝德使数十人从太尉，太尉尽辞去。解佩刀，选老躄者一人持马，至晞门下。甲者出，太尉笑且入曰：“杀一老卒，何甲也？

吾戴吾头来矣。”甲者愕。

叙事极精练，写人物极突出，不正是“参之《太史》以著其洁”吗？

柳宗元的散文，目的是要明道，他看到有的道是比较深奥的，有的是一般人不明白的，有的是人们有误解的等等。他要明道，先要端正态度去认识道，这就要去掉轻心、怠气、昏气、骄气，吸取前人正确地认识道的经验。对道有了认识，又要采取说明道的方法，针对人们对道认识上的种种妨碍和缺点，纠正了孟子说的诐辞、淫辞、邪辞、遁辞的毛病，采用古人明道的各种方法，有所谓“抑之”“扬之”“疏之”“廉之”“激而发之”“固而存之”，使人们都能够接受“我”所明的道。再要根据典范著作对不同题材的不同写法来写，参照前人有关文学、哲学、史学著作的成功的写作范例来写，这样“旁推交通”，实际上就是融会贯通前人在写作上的成功经验来写作，来取得古文写作上的成就。

柳宗元这样融会贯通来从事写作，所以他的古文确有韩愈所没有达到的地方。如《封建论》，对分封制和郡县制的评论，确实做了史的考察，层层深入，得出了不可动摇的结论。苏轼在《志林》里说："宗元之论出，而诸子之论废矣，虽圣人复起，不能易也。"这样赞美，是完全正确的。再像他的"永州八记"，像他说的"漱涤万物，牢笼百态"，写出了永州山水的特色和各种情态，加上情景交融，通过景物来反映情思，给山水记开创了一种新的写法，这也是很突出的。光就这两点说，跟他吸取前人观察和写作的各种经验，将其融会贯通来写作是分不开的。

9

九

流　派

宋　佚名　碧桃图

“一家风格”指读古文家的一家专集，如读韩愈一家，只就他在古文创作上的一家风格做些探索。再进一步，就他的韩门弟子来看，专就古文这方面看，继承他的古文写作的有李翱、皇甫湜、孙樵，看看他们三位的古文创作有什么成就。这样就从研究韩愈一家的古文风格转到探索韩门弟子的古文风格，成为对一个流派的探索了。

一　韩门弟子

一、李翱

纪昀《四库全书总目·李文公集提要》称：“翱为韩愈之侄婿，故其学皆出于愈。集中载《答皇甫湜书》，自称《高愍女》《杨烈妇传》不在班固蔡邕下，其自许稍过。然观《与梁载言书》，论文甚详。至《寄从弟正辞书》，谓人号文章为一艺者，乃时世所好之文。其能到古人者，则仁义之词，恶得以一艺名之。故才与学虽皆逊愈，不能镕铸百氏皆如己出，而立言具有根柢。大抵温厚和平，俯仰中度，不似李观、刘蜕诸人有矜心作意之态。苏舜钦谓其词不逮韩，而理过于柳，诚为笃论。郑獬谓其尚质而少工，则贬之太甚矣。"

李翱论文，见《答朱载言书》：

> 天下之语文章，有六说焉：其尚异者，则曰文章辞句奇险而已。其好理者，则曰文章叙意苟通而已。其溺于时者，则曰文章必当对。其病于时者，则曰文章不当对。其爱难者，则曰文章宜深不当易。其爱易者，则曰文章宜通不当难。此皆情有所偏，滞而不流，未识文章之所主也……古之人能极于工而已，不知其词之对与否，易与难也。《诗》（《邶风·柏舟》）曰："忧心悄悄，愠于群小。"此非对也。又曰："遘闵既多，受侮不少。"此非不对也。《书》（《舜典》）曰："朕堲谗说殄行，震惊朕师（我憎恨谗佞之说绝君子之行，而惊动我众）。"《诗》（《大雅·桑柔》）曰："菀彼柔桑，其下侯旬，

捋采其刘，瘼此下人（茂盛的桑叶柔软，在它下面得荫是均匀的，侯旬，唯均。捋采桑叶，桑枝稀疏，不能荫蔽，使在下的人受病）。”此非易也。《书》(《尧典》）曰：“允恭克让，光被四表，格于上下（信恭而能让，显及四方之外，至于上下）。”《诗》(《魏风·十亩之间》）曰：“十亩之间兮，桑者闲闲（往来自得貌）兮，行与子旋兮（将与你归去）兮。”此非难也。学者不知其方，而称说云云，如前所陈者，非吾之敢闻也。

《六经》之后，百家之言兴，老聃、列御寇、庄周、鹖冠、田穰苴、孙武、屈原、宋玉、孟子、吴起、商鞅、墨翟、鬼谷子、荀况、韩非、李斯、贾谊、枚乘、司马迁、相如、刘向、扬雄，皆足以自成一家之文，学者之所师归也。故义虽深，理虽当，词不工者不成文，宜不能传也。文、理、义三者兼并，乃能独立于一时，而不泯灭于后代，能必传也。……陆机曰“怵他人之我先”，韩退之曰：“唯陈言之务去。”假令述笑哂之状曰“莞尔”，则《论语》言之矣；曰“哑哑”，则《易》言之矣；曰“粲然”，则穀梁子言之矣；曰“攸尔”，则班固言之矣；曰“輾然”，则左思言之矣。吾复言之，与前文何以异也？此造言之大归也。

吾所以不协于时而学古文者，悦古人之行也。悦古人之行者，爱古人之道也。故学其言，不可以不行其行；行其行，不可以不重其道；重其道，不可以不循其礼。

这里引了李翱的信，想说明三点：一是看李翱文章的风格；二是看李翱的文论是不是从韩愈来的，有什么新的见解；三是看他的论点是不是“理过于柳”，主要还是看他文章的风格。苏洵《上欧阳内翰书》里说：“惟李翱之文，其味黯然而长，其光油然而幽，俯仰揖让，有执事之态。”说明欧阳修的文章，风格接近李翱。李翱文章的风格，正如纪昀说的：“温厚和平，俯仰中度。”看这篇文论，文从字顺，近乎韩愈文章中的平易之作，不同于韩愈文章的奇险之作。再看他自己称许的《杨烈妇传》：

建中四年（783），李希烈陷汴州，既又将盗陈州，分其兵数千人抵项城县，盖将掠其玉帛，俘累其男女，以会于陈州。县令李侃不知所为，其妻杨氏曰："君，县令也，寇至当守；力不足，死焉，职也。君如逃，则谁守?"侃曰："兵与财皆无，将若何?"杨氏曰："如不守，县为贼所得矣。仓廪，皆其积也；府库，皆其财也；百姓，皆其战士也；国家何有？夺贼之财而食其食，重赏以令死士，其必济!"于是召胥吏、百姓于庭，杨氏言曰："县令，诚主也。虽然，岁满则罢去，非若吏人、百姓然。吏人、百姓，邑人也，坟墓存焉，宜相与致死以守其邑，忍失其身而为贼之人耶!"众皆泣，许之。乃徇曰："以瓦石中贼者，与之千钱；以刀矢兵刃之物中贼者，与之万钱。"得数百人，侃率之以乘城。杨氏亲为之爨以食之，无长少，必周而均。使侃与贼言曰："项城父老，义不为贼矣，皆悉力守死。得吾城，不足以威，不如亟去。徒失利，无益也。"贼皆笑。有飞箭集于侃之手，伤而归。杨氏责之曰："君不在，则人谁肯固矣！与其死于城上，不犹愈于家乎!"侃遂忍之，复登陴。

项城，小邑也，无长戟劲弩高城深沟之固，贼气吞焉，率其徒将超乘而下。有以弱弓射贼者，中其帅，坠马死。其帅，希烈之婿也。贼失势，遂相与散走，项城之人无伤焉。

这一段叙述，虽不是重大事件，但还是比较特殊的。李翱的文章写得文从字顺，是平易的，俯仰中度，不是奇险的，这显示了李翱文章的风格。

再看他的文论，他认为："学古文者，悦古人之行也。悦古人之行者，爱古人之道也。"这就是韩愈《题欧阳生哀辞后》说："愈之为古文，岂独取其句读（逗）不类于今者耶？思古人而不得见，学古道则欲兼通其辞；通其辞者，本志乎古道者也。"李翱论文又认为"爱难""爱易"皆"惟有所偏"，这即是韩愈《答刘正夫书》说的："又问曰：'文宜易宜难？'必谨对曰：'无难易，惟其是尔。'"李翱提出"《六经》之后，百家之言"，包括"相如""扬雄"，都是"学者之所师也"。这正是韩愈《进学解》里说的"先生口不绝吟于六艺之文，手不停披于百家之编"，"子云相如，同工异曲"。李翱又引韩愈的话"唯陈言之务去"。以上这些，都是从韩愈来的。但也有跟韩愈不一致的，如说"述笑哂之状"，前人用过的"莞尔""哑哑""粲然""攸尔""辴然”都不能用，要另外造出一个词来。这样说不够恰当，应该指出，各人的笑哂有各种不同的样子，要按照各人特有的样子来写，借用前人的词，就不可能把笑者特有的样子写出来。倘笑者笑的样子正如前人所用的词，那就不妨借用，不必另造一个。可见李翱的话还不够圆满。因此说他“理过于柳”是不确的。柳宗元的理论文，最杰出的如《封建论》，韩愈比不上，更不要说李翱了。

二、皇甫湜

《四库全书总目·皇甫持正集提要》写道：“其文与李翱同出韩愈，翱得愈之醇，而湜得愈之奇崛。其答李生三书，盛气攻辨，又甚于愈。然如《编年纪传论》《孟子荀子言性论》，亦未尝不持论平允。”

皇甫湜的《答李生第一书》：

> 来书所谓今之工文或先于奇怪者，顾其文工与否耳。夫意新则异于常，异于常则怪矣；词高则出于众，出于众则奇矣。虎豹之文不得不炳于犬羊，鸾凤之音不得不锵于乌鹊，金玉之光不得不炫于瓦石。非有意于先之也，乃自然也。

又《答李生第二书》：

> 秦汉以来，至今文学之盛，莫如屈原、宋玉、李斯、司马迁、相如、扬雄之徒，其文皆奇，其传皆远。……《书》之文不奇，《易》之文可谓奇矣，岂碍理伤圣乎？如“龙战于野，其血玄黄”，“见豕负途，载鬼一车”，“突如其来如，焚如，死如，弃如”，此何等语也？……

《答李生第三书》：

> 生以松柏不艳比文章，此不知类也。凡比必于其伦，松柏可比节操，不可比文章。大人虎变，君子豹变，此文章比也。

从皇甫湜答李生书里，可以看到李生是有不同意见的。像《第二书》里讲到李生认为“夫谓之奇，则无正矣”，湜认为“然亦无伤于正也”。李生认为“谓之奇，即非常矣”，湜认为“无伤于正而出（离）于常，虽尚之亦可也”。下面他就用“龙战于野，其血玄黄”“见豕负途，载鬼一车”的话来作说明，其实是不恰当的。怎样的奇才能无伤于正，出（离）于常亦可？这个奇是指文章的奇，文章是反映生活的，生活中有的事出于常人意想之外而合于事理，因为出于常人意想之外，是奇，是离于常，但又合于事理，是无伤于正，离常亦可。反之，那就不行了。“载鬼一车”“其血玄黄”，作为卜卦的卦爻辞是可以的，用来说明文章中反映生活的奇，就伤正失常了，因为它是生活中所没有的。比方记事，把事情的真相记出来，就合于正和常；求奇而不把事情的真相记下，便要伤正失常了，皇甫湜记韩愈事的文章即颇病于此。

在《第三书》里，湜称“生以松柏不艳比文章”为“不知类”，也不恰当。文章有的朴实无华，像松柏，不是所有的文章都要讲文采的。像记事的文章，要求把事实确切记下来，事实怎样就怎样记，不能背离事实去追求虎变豹变。湜的记叙文的失败，于此恐也有关。湜又称“所言《诗》《书》之文不奇，举多言之也，易处多，奇处少尔。《易》文大抵奇也，易处几希矣”。李生认为《诗》《书》的文章，平易的多，怪奇的少；湜用《易经》的文章大抵奇来驳他，这也不够正确。《易经》的卦爻辞是占卜用的，《诗经》《书经》才是反映生活的，反映生活的文章应该易处多、奇处少，李生的话是对的。写反映生活的文章，是不能用卦爻那样的文辞来写的。

纪昀说皇甫湜的论文持论平允，他既求奇，持论又怎么平允呢？原来在理论上求奇与在记事上求奇不同，在理论上求奇，求自己的理论不同于别人，只要持之有故，言之成理，还是可以的。如《孟子荀子言性论》，他就是反对孟子言性善，又反对荀子言性恶，却能言之成理，所以是可以的。他举出“文王在母不忧，在师不烦”，说明有的人性不是恶的；又引“越椒之生，熊虎之状，叔鱼之生，溪壑之心”，说明有的人性不是善的。“故曰孟子荀卿之言，其于圣人，皆一偏之说也”。他的求奇，即既反对孟子性善说，又反对荀子性恶说，却又认为：

> 即二子之说，原其始而要其终，其于辅教化尊仁义，亦殊趋而一致，异派而同源也。何以明之？孟子以为恻隐之心，人皆有之；是非之心，人皆有之。性之生善，由水之趋下，物诱于外，情

> 动于中，然后之恶焉，是劝人汰心源，返天理者也。荀子曰：人之生不知尊亲，长习于教，然后知焉。人之幼不知礼让，长习于教，然后知焉，是劝人黜嗜，欲求善良者也。一则举本而推末，一则自叶而流根，故曰二子之说，殊趋而一致，异派而同源也。

他这样讲性，跟他的老师韩愈的《原性》讲得不同。韩愈没有讲“即二子之说”，“殊趋而一致，异派而同源”，他的讲法不同于他老师之说，这即他的求奇，而言之成理，所以无伤于正是平允的。

他又作《喻业》，用种种比喻来讲各家文章的风格，也是好的。如称“韩吏部（愈）之文，如长江大注，千里一道，冲飙激浪，汙流不滞；然而施于灌溉，或爽于用。李襄阳（翱）之文，如燕市夜鸿，华亭晓鹤，嘹唳亦足惊听；然而才力偕鲜，瞥然高远”。

他有些文章叙事尚奇崛，不能按照事实真相来写，叙述不明，就不行了。如《韩文公神道碑》：

> ……方镇反，……王廷凑屠衣冠，围牛元翼，

人情望之，若大蚖虺。先生奉诏入贼，渊然无事行者。既至，召众贼帅前，抗声数责，致天子命，词辩而悦，悉其机情。贼众惧伏。贼帅曰：“惟公指令。”乃约之出元翼，归士大夫之丧，功可意而复。

此文尚奇崛，叙事不按照事实真相来记叙，使人看不明白。试引李翱《赠礼部尚书韩公行状》来做对照：

……镇州乱，杀其帅田弘正，征之不克，遂以王廷凑为节度使，诏公往宣抚。……遂疾驱入，廷凑严兵拔刃弦弓矢以逆。及馆，甲士罗于庭。公与廷凑、监军使三人就位。既坐，廷凑言曰：“所以纷纷者，乃此士卒所为，本非廷凑心。”公大声曰：“天子以为尚书有将帅材，故赐之以节，实不知公共健儿语未得，乃大错。”甲士前奋言曰：“先太史（故镇帅王武俊）为国打朱滔，滔遂败走，血衣皆在，此军何负朝廷，乃以为贼乎？”公告曰：“儿郎等且勿语，听愈言。愈将为儿郎已不记先太史之功与忠矣，若犹记得，乃大好。且为逆与顺利害，不能远引古事，但以天宝来祸福，为儿郎等明之……”

又曰：“田令公以魏博六州归朝廷，为节度使，后至中书令，父子皆受旌节……汝三军亦害田令公身，又残其家矣，复何道？”众乃欢曰：“侍郎语是。”廷凑恐众心动，遽麾众散出，因泣谓公曰：“侍郎来，欲令廷凑何所为？”公曰：“神策六军之将，如牛元翼比者不少，但朝廷顾大体，不可以弃之耳，而尚书久围之何也？”廷凑曰：“即出之。”公曰：“若真耳，则无事矣。”

看了皇甫湜的叙事，简而不明，不知所云，要看李翱的叙述才明白。在叙事上，李翱胜过皇甫湜。说明皇甫湜求韩愈的奇崛，还没有学会韩愈的叙事。

三、孙樵

孙樵《与王霖秀才书》：“樵尝得为文真诀于来无择，来无择得之于皇甫持正，皇甫持正得之于韩吏部退之。”皇甫湜学韩愈的奇崛，在叙事上没有学好。孙樵也学皇甫湜的爱奇，但能归于正，则胜于湜。他在上信中又说：

鸾凤之音必倾听，雷霆之声必骇心，龙章虎

皮，是何等物？日月五星，是何等象？储思必深，摛词必高，道人之所不道，到人之所不到，趋怪走奇，中病归正。以之明道，则显而微，以之扬名，则久而传，前辈作者正如是。譬玉川子（卢仝）《月蚀诗》，杨司城（杨敬之）《华山赋》，韩吏部（愈）《进学解》，冯常侍《清河壁记》，莫不拔地倚天，句句欲活。读之如赤手捕长蛇，不施控骑生马，急不得暇，莫可捉搦。

这里也是讲奇，要“道人之所不道，到人之所不到”。但又要“中病归正”。他看到尚奇的可能会“中病”，要“归正”，防止奇而失正，这就跟皇甫湜不同了。湜认为奇不会失正，不会“中病”，孙樵却看到了，要“归正”。他举出的韩愈《进学解》，前面在《比较》里指出《进学解》有“道人之所不道，到人之所不到”，是奇而归于正的，所以成功。

皇甫湜的奇，在叙事方面不免失正，再看孙樵，他在《与高锡望书》里说：

文章如面，史才最难，到司马子长之地，千

载独闻得扬子云。唐朝以文索士，二百年间，作者数十辈，独高韩吏部。吏部修《顺宗实录》，尚不能当孟坚，其能与子长、子云相上下乎？……古史有直事俚言者，有文饰者，乃特纪前人一时语，以为实录，非谓俚言奇健，能为史笔精魄，故其立言序事，及出没得失，皆字字典要，何尝以俚言汩其间哉？……又史家纪职官山川地理礼乐衣服，亦宜直书一时制度，使后人知某时如此，某时如彼，不当以秃屑浅俗，别取前代名品，以就简绝。又史家条序人物，宜存警训，不当徒认官大宠浓，讲文张字，故大恶大善，虽贱必纪，尸位浪职，虽贵必黜。

孙樵对于史文的记载是有研究的，研究能力是超过皇甫湜的。他认为韩愈的《顺宗实录》还比不上班固，可见在史文上也认为韩愈的不够。对史中引用俚言，认为为了实录，所叙人物，大恶大善必书，也要实录。像上引皇甫湜叙韩愈的事就违背实录的要求。

按照孙樵文论的主张，再来看看他的文章，如《书何易于》：

何易于尝为益昌令，县距刺史治所四十里，城嘉陵。江南刺史崔朴，尝乘春自上游多从宾客，歌酒泛舟东下，直出益昌旁，至则索民挽舟。易于即腰笏引舟上下。刺史惊问状，易于曰:“方春，百姓不耕即蚕，隙不可夺。易于为属令，当其无事，可以充役。”刺史与宾客跳出舟，偕骑还去。

益昌民多即山树茶，利私自入。会盐铁官奏重榷管（指征税），诏下所在不得为百姓匿。易于视诏曰:“益昌不征茶，百姓尚不可活，矧厚其赋以毒民乎!”命吏划去。吏争曰:“天子诏所在不得为百姓匿。今划去，罪愈重。吏止死，明府公免窜海裔耶!”易于曰:“吾宁爱一身以毒一邑民乎！亦不使罪蔓尔曹。”即自纵火焚之。观察使闻其状，以易于挺身为民，卒不加劾。

邑民死丧，子弱业破，不能具葬者，易于辄出俸钱，使吏为办。百姓入常赋，有垂白偻丈者，易于必召坐食，问政得失。庭有竞民，易于皆亲自与语，为指白枉直，罪小者劝，大者杖，悉立遣之，不以付吏。治益昌三年，狱无系民，民不知役。……

会昌五年（845），樵道出益昌。民有能言何易于治状者，且曰："天子设上下考以勉吏，而易于考止中上，何哉？"樵曰："易于督赋如何？"曰："止请常期，不欲紧绳百姓，使贱出粟帛。""督役如何？"曰："度支费不足，遂出俸钱，冀优贫民。馈给往来权势如何？"曰："传符外一无所与。""擒盗如何？"曰："无盗。"樵曰："余居长安，岁闻给事中校考，则曰'某人为某县'得上下考。某人由上下考得某官，问其政，则曰：'某人能督赋，先期而毕，某人能督役，省度支费。某人当道，能得往来达官为好言。某人能擒若干盗。'反若干盗，县令能得上下考者如此。"邑民不对，笑去。樵以为当世上位者，皆知求才为切。至如缓急补吏，则曰："吾患无以共治。"膺命举贤，则曰："吾患无以塞诏。"及其有之，知者何人哉！继而思之，使何易于不有得于生，必有得于死者，有史官在。

这篇记何易于事，记录了何易于对上官的话，记录了何易于和属吏的对话，记录了孙樵与益昌民的对话。而皇甫湜记韩愈事，只作"抗声数责""词辩而锐""公乃约之”，究竟韩愈说了什么话，一句也没有记，违反史讲实录的要求。这篇记对事实作了具体记载，也胜过皇甫湜的记事不明白。孙樵又称“史家条叙人物，宜存警训”，这篇后面讲到何易于考评所以不高的话，带有感叹，归结到“使何易于不有得于生，必有得于死”，正符合他的“宜存警训”的要求。后来《新唐书》把何易于写入《循吏传》，正如孙樵所说。孙樵还写了《书褒城驿壁》，也符合宜存警训的要求，是传诵的文章。

就学习古文说，从学习传诵的名篇，到学习一家的集子，再到学习一个流派在创作古文上的流变，这就看得比较广了。进一步，就接触到一个时代的散文史的研究；再进一步就到历代散文史的研究了。这里讲学习古文，从怎样学会阅读古文开始。学会阅读古文，可以通过阅读古书来学习古代的各种知识，不一定研究古文的写作和古文的艺术性，不过古人讲到学习古文的，总是跟古文的写作和探讨古文的艺术性结合，即总是从文学角度来讲的，所以这里也就在这方面做些介绍。

明 赵左 秋山读书图

二　桐城派

清代的古文，最著名的有桐城派。姚鼐《刘海峰先生八十寿序》称：

> 曩者，鼐在京师，歙程吏部（晋芳）、历城周编修（永年）语曰："为文章者，有所法而后能，有所变而后大。维盛清治迈逾前古千百，独士能为古文者未广。昔有方侍郎（苞），今有刘先生（大櫆），天下文章，其出于桐城乎？"

在乾隆末年，桐城姚鼐以写古文著名，他学习桐城方苞的古文，又向桐城刘大櫆受业。三人都是桐城人，都以古文著名，又都对古文写作提出了一套理论，因此当时的程晋芳、周永年都对姚鼐有称美桐城的文章，后来就称为桐城派。

一、方苞

方苞讲"义法"，他在《又书货殖传后》说："义即《易》之所谓'言有物'也，法即《易》之所谓'言有序'也。义以为经，而法纬之，然后为成体之文。”“义”即要有内容，“法”即要讲形式，两者像经线和纬线交织成布帛，组成文章。方苞讲义法，主张以义为主，法随义生。他《与孙以宁书》：

> 古之晰于文律者，所载之事，必与其人之规模相称。太史公传陆贾，其分奴婢装资，琐琐者，皆载焉。若《萧曹世家》，而条举其治绩，则文字虽增十倍，不可得而备矣。故尝见义于《留侯世家》曰：“留侯所从容与上言天下事甚众，非天下所以存亡，故不著。”此明示后世缀文之士，以虚实详略之权度也。

讲义法，具体到写人物，所记的事一定要跟人物的规模相称。像《史记》写《陆贾列传》，陆贾是办外交的，他出使到南粤，南粤王送给他许多财物。他怎样把财物分给他的几个儿子、要儿子轮流供养他，都写了。因陆贾的事迹不多，从他给儿子分财物、要儿子供养中，可以看出他的为人，所以可以这样写。要是写萧何、曹参、张良，他们参与国家大事，要是把他们处理的事都记下来，那就太多，记不胜记，也不像传记了。

他在《书五代史安重海传后》说：

> 《史记·伯夷》《孟荀》《屈原传》，议论与叙事相间。盖四君子之传，以道德节义，而事迹则无可列者。若据事直书，则不能排纂成篇。其精神心术所运，足以兴起乎百世者，转隐而不著。故于《伯夷传》，叹天道之难知；于《孟荀传》见仁义之充塞；于《屈原传》，感忠贤之蔽壅，而阴以寓己之悲愤。其他本纪、世家、列传有事迹可编者，未尝有是也。

他认为《伯夷》《孟荀》《屈原》等传主要是宣扬他们的道德节义，这是义。根据这个义，三篇传不能光编他们的事迹。光讲他们的事迹，那么他们的道德节义就隐而不显，所以在这三篇传里要发挥议论。这就是法随义转，根据义来确定法了。

方苞又认为义法对于古文辞的要求是“雅洁”，这是义。“古文中不可入语录中语，魏晋六朝人藻丽俳语，汉赋中板重字法，诗歌中隽语，南北史佻巧语”（沈莲芳《方望溪先生传书后》），这是法。

方苞按照对于义法的要求来作古文，他的古文，传诵的有《左忠毅公逸事》。左忠毅公，左光斗，谥忠毅，桐城人。明熹宗时，官佥都御史。熹宗昏庸，大权落入太监魏忠贤手里。忠贤勾结死党，陷害正人。光斗草奏劾忠贤三十二斩罪，忠贤诬陷光斗，将其逮捕下狱，用酷刑，光斗死在狱里。这篇逸事是记史传中所不载的事。按照义法，要突出左光斗的为国爱惜人才以及受到酷刑后还念念不忘国事的精神，这是义，按照这个义来写是法。在爱惜人才上写：

> 先君子（指方苞父）尝言：乡先辈左忠毅公视学京畿，一日，风雪严寒，从数骑（数人骑马跟着）出，微行（穿着平民衣服出来）入古寺。庑（廊屋）下一生伏案卧，文方成草。公阅毕，即解貂（貂裘）覆生，为掩户。叩之寺僧，则史公可法也。及试（一般考试，不是礼部试，因礼部试是弥封的，考生的名字封上，考官看不见的），吏呼名至史公，公瞿然注视。呈卷，即面署第一。召入，使拜夫人，曰："吾诸儿碌碌，他日继吾志事，惟此生耳。"

接着写左光斗受酷刑后还念念不忘国事：

> 及左公下厂狱（由太监掌管的牢狱），史朝夕狱门外。逆阉防伺甚严，虽家仆不得近。久之，闻左公被炮烙，旦夕且死。持五十金，涕泣谋于禁卒，卒感焉。一日，使史更敝衣，草屦，背筐，手长镵，为除不洁者，引入。微指左公处，则席地倚墙而坐，面额焦烂不可辨，左膝以下，筋骨尽脱矣。史前跪，抱公膝而呜咽。公辨其声，而目不可开，乃奋臂以指拨眥，目光如炬，怒曰："庸奴！此何地也，而汝来前！国家之事糜烂至此，老夫已矣，汝复轻身而昧大义，天下事谁可支拄者？不速去。无俟奸人构陷，吾今即扑杀汝！"因摸地上刑械，作投击势。史噤不敢发声，趋而出。后常流涕述其事以语人，曰："吾师肺肝，皆铁石所铸造也。"

这段描写，既突出了魏忠贤陷害左光斗的残酷，更突出了左光斗考虑国事，为国保护人才的精神，写得极为生动感人，是符合他的义法说的；在文辞上，也符合他讲究雅洁的要求。雅洁属于文辞的风格，方苞提倡雅洁。

姚鼐把各种风格概括为阳刚、阴柔两大类。方苞这篇《左忠毅公逸事》，照方苞的说法，文辞是雅洁的；照姚鼐的说法，属于阳刚之美，即风格是刚健的。

二、刘大櫆

刘大櫆是桐城人，他到北京，把自己写的文章送给方苞，请他指教。方苞非常推重，极力赞扬，因此著名。后来姚鼐向他学习。方苞讲义法，也因清朝提倡程朱理学。他提出的义法，即要求文章的思想性合于程朱所提倡的理学，适应清朝提倡程朱理学的要求。刘大櫆讲古文，不重在道理，而重在古文的艺术性。他在《论文偶记》里说："故义理、书、卷、经济者，行文之实；若行文自另是一事。"他把义理看作作文的材料，重在讲作古文的艺术性，已见"古文的艺术性"节。刘大櫆讲风格，与方苞讲"雅洁"不同。他在《论文偶记》里说："文章品藻最贵者，曰雅曰逸。欧阳子逸而未雄，昌黎雄处多，逸处少。太史公雄过昌黎，而逸处更多于雄处，所以为至。"

刘大櫆的古文也有按他的理论写的，如《马湘灵诗集序》：

忆昔与湘灵同在京师，一日，日已晡，湘灵过余旅舍，余出酒肴共酌。时余兄奉之亦在坐。湘灵被酒，意气勃然，因遍刺当时达官无所避。余惊怖其言。湘灵慷慨曰："子以我为俗子乎？"余谢不敏。湘灵命酒，连举十余觞，大醉欢呼，发上指冠，已复悲歌出涕。余见湘灵言之哀，亦泣涕纵横不自禁。湘灵乃谓余兄曰："彼乃同心者。"因出其平生歌诗示余。余读之，风翻云涌。而喉间气郁不得舒。于是相对黯然，罢酒别去。

忽忽二十年，则闻湘灵已老病，不复能远游，或扁舟自放于九龙、三泖之间。间则归里，与缙绅之去位而里居者连为吟社，寻山钓水而已。嗟乎！以湘灵之才与其志，使其居于庙朝（宗庙朝廷），正言謇谔（正直），岂与夫世之此倡而彼应者同乎哉！奈何窘蹶浮堪，抱不能一施，遂为山泽之癯以老也。

刘大櫆称赞司马迁的文章，"逸处更多于雄处"。司马迁在《报任少卿书》里称："诗三百篇，皆圣贤发愤所作。此人皆意有所郁结，不得通其道，故述往事，思来者。"司马迁的文章，如《史记》中所写的列传，其中就有写出“此人皆意有所郁结”，把人家的郁结的胸怀写出，这种郁结引起司马迁的同感，写得悲愤激昂，这就形成雄健的风格；在“述往事”中极为生动形象，就有可能构成俊逸的风格。刘大櫆这篇也是这样，他在第一段写“余弃于时，而湘灵亦屡试不举，为同遇”。当时的士子，只有应科举考试，考中进士后才有官做，要是屡次考不取，就不免困顿。湘灵是有才能的，却困于科举，所以“意有所郁结”，大櫆也有同感，所以文章写出湘灵的悲愤郁结，写出湘灵的神态风貌，如写“湘灵被酒，意气勃然，因遍刺当时达官无所避。余惊怖其言”。余也是意有所郁结，对湘灵的愤激是深有同感的，但听了湘灵“遍刺当时达官无所避”，感到惊怖，这一句写出湘灵的言论是极为大胆锋利的。类似这样写出湘灵为人的特色，当即所谓逸。湘灵慷慨曰：“子以我为俗子乎？”这一笔，也是所谓逸，显示湘灵看重大櫆，看到大櫆的惊怖，所以说了这句宽解大櫆的话，是不是把他当作俗子的胡言乱语，一句话中有这样的含意。这篇里写湘灵的悲愤，如“意气勃然”“大醉欢呼”“悲歌出涕”，余“亦泣涕纵横不自禁”，类似这部分写出郁结悲愤的神情的，都属风格的雄处。就姚鼐的讲法，这篇有阳刚之美，属于刚健的风格。

三、姚鼐

方苞讲义法，重在理；刘大櫆讲作文之能事，重在才能；姚鼐生在考证学极盛时期，提倡学力，把才能和学力结合起来谈。他《与陈石士书》说："学文之法无他，多读多为，以待其一日之成就，非可以人力速之也。士苟非有天启，必不能尽其神妙；然人辍其力，则天亦何自而启之哉！"天启指天才说，实即写作的才能；力指学力，主张通过学力来取得写作的才能；认为写作的才能要靠学力来培养，不靠学力，才能也培养不出来，这是就才与学结合说。他在《与张阮林》里又谈到才与法的关系：

> 文章之事，能运其法者才也，而极其才者法也。古人文，有一定之法，有无定之法。有定者，所以为严整也；无定者，所以为纵横变化也。二者相济而不相妨，故善用法者，非以窘吾才，乃所以达吾才也。非思之深、功之至者，必不能见古人纵横变化中所以为严整之理。思深功至而见之矣，而操笔而使吾手与吾所见之相副，尚非一日也。

方苞讲义法，以义为主，是法随义转的。刘大櫆讲神气，以神为主，是气随神转的。姚鼐在这里讲才和法，才就是刘大櫆讲的文章的能事，从刘来；法就是义法的法，从方来。写作以文章能事为主，即以才为主，法随才转。法有一定之法与无定之法，究竟用定法或无定法，究竟照一般写法，还是纵横变化，由才来决定，即法随才转。法为才服务，所以说法是"所以达吾才也"。才要靠学，所以要"思之深、功之至"，方能够纵横变化，来显示他的才。这是才与学、才与法的关系，说明姚鼐讲的，是方与刘的结合。

方苞讲义，刘大櫆讲气，姚鼐又把两者结合，讲意与气。意即义，气即刘大櫆讲的气随神转的气。他《答翁学士书》说：

> 夫道有是非，而技有美恶。诗文皆技也，技之精者必近道。故诗文美者。命意必善。文字者，犹人之言语也，有气以充之，则观其文也，虽百世而后，如立其人而与言于此；无气则积字焉而已。意与气相御而为辞，然后有声音、节奏、高下、抗坠之度，反复、进退之态，采色之华。故声色之美，

因乎意与气而时变者也，是安得有定法哉！

这里他提出意与气，意指文章的思想，即方苞所说的义，也即理。气指语言的生气，也即指文章的声音节奏高下抗坠之度，这是刘大櫆提出来的。这样讲意与气合，也是方、刘两家学说的结合。意与气跟学和才也是结合的，学与意有关，命意的是否正确是同学识有关的。气指文章的声音节奏，声音节奏的高下抗坠与作者所表达情意有关，这是属于才分的事。姚鼐讲的才与学合、才与法合、意与气合，是方苞与刘大櫆两家理论的结合。方苞讲风格，只注意文辞的雅洁。刘大櫆讲风格提出文贵奇、贵高、贵大、贵远、贵简、贵疏等，又推重雄与逸（见《论文偶记》）。姚鼐做了高度概括，归纳为阳刚、阴柔（见《复鲁絜非书》）。姚鼐的古文，是贯彻他的文论之作。

再看姚鼐的古文，比较传诵的《登泰山记》：

泰山之阳，汶水西流，其阴，济水东流。阳谷皆入汶，阴谷皆入济。当其南北分者，古长城也。最高日观峰，在长城南十五里。

余以乾隆三十九年（1774）十二月，自京师乘风雪，历齐河、长清，穿泰山西北谷，越长城之限，至于泰安。是月丁未（二十八日），与知府朱孝纯子颖由南麓登。四十五里，道皆砌石为磴，其级七千有余。泰山正南面有三谷，中谷绕泰安城下，郦道元所谓环水也。余始循以入，道少半，越中岭，复循西谷，遂至其巅。古时登山，循东谷入，道有天门。东谷者古谓之天门溪水，余所不至也。今所经中岭及山巅崖限当道者，世皆谓之天门云。道中迷雾冰滑，磴几不可登。及既上，苍山负雪，明烛天南，望晚日照城郭，汶水、徂徕如画，而半山居雾若带然。

戊申晦（二十九日底）五鼓，与子颖坐日观亭待日出。大风扬积雪击面，亭东自足下皆云漫。稍见云中白若樗蒱（赌具，当指骰子）数十立者，山也。极天云一线异色，须臾成五彩。日上，正赤如丹，下有红光，动摇承之。或曰：此东海也。回视日观以西峰，或得日，或否，绛皜驳色，而皆若偻。

亭西有岱祠，又有碧霞元君祠。皇帝行宫在碧霞元君祠东。是日观道中石刻，自唐显庆（唐高宗年号，656—661）以来，其远古刻尽漫失。僻不当道者，皆不及往。

山多石，少土，石苍黑色，多平方，少圆。少杂树，多松，生石罅，皆平顶。冰雪，无瀑水，无鸟兽音迹。至日观，数里内无树，而雪与人膝齐。

因为要用来说明姚鼐这篇古文是贯彻他的文论的，所以这里把这篇全文引入。倘只引其中最精彩的段落，不能说明他的文论主张。他的文论提出学与才合、才与法合、意与气合。先看学与才合。写登泰山，只写上山所见景物，也可以写得生动形象，但显不出学问来。他这篇记，先记泰山南面有汶水，山北有济水，泰山南面山谷中的水都流入汶水，北面山谷中的水都流入济水，在南北的分界处有古长城。再讲泰山正南面有三谷，中谷即郦道元《水经注》里所说的环水。东谷古谓之天门溪水。这些，一般登泰山的人所不注意的，不知道的，他都写出了，这就需要学问。像引郦道元讲的，那就要有《水经注》中的有关知识。当时考证学风极盛，他提出才与学合，正受考证学风的影响，所以他又提出义理、考据、词章三者合一的说法。那么怎么学与才合呢？他在《述庵文钞序》里说：“鼐尝论学问之事，有三端焉，曰义理也，考证也，文章也。是三者苟善用之，则皆足以相济，苟不善用之，则或至于相害。”怎样不善用之呢？“为考证之过者，至繁碎缴绕，而语不可了。当以为文之至美，而反以为病者，何哉？其故由于自喜之太过，而智昧于所当择也”。即在文中把考证的知识都写上，像把《水经注》中的原文都引入，再加考证那就变成了考证，不像游记文了。本篇把有关知识写进文中，没有烦琐考证，文辞还是雅洁的，这就是才，因此本篇可以作为他主张才与学合的例证。

写游记，写明日期、地点，经过的道路，游历的所见所闻的感受，这是一般的写法，所谓定法。本篇也是这样写的，这是有定法。可是本篇里先写泰山的南面北面有什么水，泰山的阳谷阴谷的水往哪里流，又引《水经注》的环水，又写他所没有经过的古所谓天门溪水，这就超出一般写法，属于无定法了。结合定法与无定法来写，写得学与才合，这就是才，所以这篇又可以作为才与法合的例证。写登泰山，重点放在观日出，其次写泰山上的其他景物，再次写泰山上较有特色的东西，这

明　盛茂烨　泰山松图

就是所谓意。本篇正是这样，重点写观泰山日出，写得非常精彩，成为这篇最动人、最形象生动的部分，写出了日出前后各种色彩的变化；再写风、写雪、写云，再重点写日，写西面的山峰，把日出前后的背景都写出了。再用比喻，如“白若樗蒱”“如丹”，这是最用力写的。其次写登山后所见景物，“如苍山负雪，明烛天南”“汶水、徂徕如画，而半山居雾若带然”，这里用了两个明喻，即“如画”“若带”两个隐喻，“负雪”即如负积雪，“明烛”即如烛照。一连用了四个比喻，这即是博喻。再次写泰山上较有特色的东西，如末段所写的，仿照《山海经》的写法又有不同。写登泰山，一定要突出泰山上最美好的景物，使读者如身入其境，这是意。所写的文辞又有“声音节奏高下抗坠之度”“采色之华”，这是气，所以本篇又是意与气合的例证。

写登泰山的，后汉有马第伯《封禅仪记》，写登山之险，如：

仰视天门，窔辽（幽深高远）如从穴中视天。直上七里，赖其羊肠逶迤，名曰环道，往往有絙索，可得而登也。两从者扶挟，前人相牵，后人见前人履底，前人见后人顶，如画重累人矣，所谓磨胸鼻石，扪天之难也。

写得惊心动魄，这属于阳刚之美。姚鼐的《登泰山记》，没有这种惊险的描绘。难登处，只作“道中迷雾冰滑，磴几不可登”，“而雪与人膝齐”，写得平易。总的看来，姚鼐的文章具有阴柔之美。方、刘、姚三家同属桐城派，方重义，刘重才，姚是义与才并重，三家各有所重，这是三家的差别吧。